本书受国家社会科学基金项目"西部地区联动发展创新机制与模式研究"（批准号：12CJL075）、重庆大学公共服务评测与研究中心平台项目（中央高校基本科研业务费 NO.2019 CDJSK 01 PT 03）资助

西部地区产业联动发展与政策优化研究

Study on Industrial Interactive Development
and Policy Optimization in Western China

周孝坤 著

中国社会科学出版社

图书在版编目(CIP)数据

西部地区产业联动发展与政策优化研究/周孝坤著.—北京：中国社会科学出版社，2020.1
ISBN 978-7-5203-5916-0

Ⅰ.①西… Ⅱ.①周… Ⅲ.①区域经济发展—产业发展—研究—西北地区 ②区域经济发展—产业发展—研究—西南地区 Ⅳ.①F127

中国版本图书馆CIP数据核字(2020)第021508号

出 版 人	赵剑英
责任编辑	刘晓红
责任校对	周晓东
责任印制	戴 宽

出　　版	中国社会科学出版社
社　　址	北京鼓楼西大街甲158号
邮　　编	100720
网　　址	http://www.csspw.cn
发 行 部	010-84083685
门 市 部	010-84029450
经　　销	新华书店及其他书店
印刷装订	北京君升印刷有限公司
版　　次	2020年1月第1版
印　　次	2020年1月第1次印刷
开　　本	710×1000　1/16
印　　张	12.75
插　　页	2
字　　数	201千字
定　　价	69.00元

凡购买中国社会科学出版社图书，如有质量问题请与本社营销中心联系调换
电话：010-84083683
版权所有　侵权必究

前　言

　　缩小区域差距、促进区域经济协调发展一直是学术界和政府关心的热点问题。西部地区自我发展能力不足、经济发展水平相对落后，成为我国经济协调发展的"短板"。因此，加快西部地区经济发展，防止东西部经济发展差距继续扩大已是当务之急。纵观国内外欠发达地区发展历程，反思西部大开发战略实施十几年来的成果与不足，传统的发展思维和路径无法从根本上改变西部地区内生增长能力薄弱、东西部经济发展水平差距大的现实，西部地区亟待突破现有发展思维定式和路径依赖，探寻新的发展路径。与此同时，西部地区传统的劳动力和资源比较优势正面临极大挑战，需要重新整合资源、创新发展机制，从而形成新的区域比较优势。

　　本书基于西部地区发展差异化和区域产业链研究新形势下西部地区符合市场机制的区域分工和资源整合模式，探索西部地区产业联动发展创新机制与模式，提出政策优化建议。本书构建起"单个地区比较优势—以区域产业链为载体的区域产业联动发展—区域新的整合比较优势—区域自我发展能力提高—实现赶超"的内在逻辑，拓展了比较优势理论、分工理论、价值链理论，促进区域经济学、产业经济学、发展经济学和经济地理学等相关学科的发展和融合，补充和完善了类似于西部的欠发达地区赶超发展的相关理论研究；本书的研究可以为探索可持续的区域研究发展提供新的理论思想和视角，丰富了区域经济理论。此外，本书对促进西部地区整合资源、经济良性互动、提高整体竞争力和互利共赢发展有现实的指导意义。

　　区域产业联动是区域之间在产业分工基础上的联合互动。因此，区域产业分工理论、区域合作理论、产业关联与产业区位理论都为区域产业联动发展提供了重要的理论支撑，本书梳理并分析这些理论如何为区域产业联动发展提供理论依据和思想溯源，分析区域产业联动发展的基础条件、各类主体参与区域产业联动的动机、区域产业联动促进区域经济发展机理、区域产业联动中市场与政府的作用及关系，为研究西部地区产业联动发展奠定理论基础。

本书分析西部地区当前经济发展概况及特点、产业联动的有利条件和制约因素，并对西部地区产业联动发展潜力进行测度，判断西部省份之间产业联动发展的可能性，为构建西部地区产业联动发展机制提供基础和支撑。测算结果显示，产业联动潜力排前十位的依次是：重庆—贵州、甘肃—青海、四川—重庆、甘肃—宁夏、贵州—云南、重庆—云南、宁夏—青海、贵州—广西、陕西—重庆、云南—广西。重庆与贵州之间产业联动潜力最大，西北各省之间的产业联动潜力和西南各省份之间的产业联动潜力相对比较大；重庆与西部其他省（区）之间的产业联动潜力都相对较大，而新疆与西部其他省份的产业联动潜力都较小。总体来说，西部地区特别是西南地区和西北地区有较好的产业联动基础和潜力，适合推进产业联动发展。

西部地区差异性分析和经济类型区甄别是研究西部产业联动发展机制和模式的重要基础。因此，本书采集相关数据分析西部各省份自然资源、经济、产业、基础设施、科教水平等方面的差异性，然后设计产业发展水平综合评价指标体系，结合西部地区现有和潜在优势，使用因子分析与聚类分析甄别西部制造业、现代服务业和资源型产业发展水平类型区。西部制造业发展水平类型区甄别结果是：四川、重庆为制造业发达区，广西、陕西和内蒙古为制造业成长区，云南、新疆、贵州和宁夏为制造业潜力区，甘肃、青海两省为制造业滑坡区；西藏单独列为特殊区。西部现代服务业发展水平类型区甄别结果是：重庆、四川、内蒙古、陕西、广西为服务业优势区，云南、贵州、甘肃为现代服务业潜力区，新疆、宁夏、青海和西藏为现代服务业落后区。西部资源产业发展水平类型区甄别结果是：内蒙古、陕西、新疆、四川为资源产业发达区，贵州、甘肃、广西、云南、重庆为资源产业潜力区，青海、宁夏、西藏为资源产业落后区。

本书是从区域产业链角度研究西部地区联动发展，因此，对西部地区产业及产业链的剖析极为重要。本书结合相关指标量化分析西部三次产业，选取西部地区最主要和具有代表性的产业链进行分析，揭示西部地区产业及产业链发展中存在的深层次问题，进一步证明了西部地区需要产业联动发展的必要性和迫切性，也为设计基于区域产业链的西部联动发展机制与模式奠定现实基础。西部地区三次产业分析的主要结论是：①第一产业特色不足，产业链条短，区域合作水平低，没有获得规模经济效应和协同效应，竞争力有待于进一步提高。②第二产业中，采矿业及资源加工产业是西部大部分省的优势工业产业，而资本和技术密集型制造业则是西部地区大部分省的短板，西部地区具有竞争优势的产业集中在与自然资源相关的行业部门。西部地区制造业的聚集地主要分布在四川、陕西、重庆、广西、内蒙古、云南六个省（区、市），西部大开发以来，西部地区工业越来越向这6个省份集聚，产业发展地区之间的不均衡进一步拉大。西部地区工业在空间分布上具有较大的差异性和互补性，为西部进一步的分工与合作奠定了基础。③西部地区的第三产业在全国的竞争优势不明显，传统服务业竞争力进一步减弱，而现代服务业虽然竞争力不强，但是近年来现代服务业发展势头良好，实力不断增强。关于西部产业链分析的主要结论是：①近年来，西部众多产业链建链、补链速度很快，但盈利水平有待于进一步提高。②西部地区产业链地区分布差异大、发展水平参差不齐，优势产业链通常只在少数几个省集聚，由于各产业链环节附加值不同，发展水平和盈利水平不同，区域经济有发展差距扩大的趋势。③西部地区产业链主要集中在能源矿产资源开采环节，冶炼加工、化工环节薄弱，竞争力不强，由于产业链短，而且主要集中在价值链中低端环节，西部地区沦为了能源和矿产资源的原料"输出地"，没有能够实现资源优势向经济优势的较好转化。④相对东部而言，西部的区域产业链相对较少，但跨区域配置资源和产业合作需求增加，协同发展的利润空间有待于进一步挖掘。

本书在分析区域联动发展典型机制的基础上，构建基于区域产业链的西部地区联动发展创新机制；然后基于西部地区产业发展水平的差异，结合基于区域产业链的联动发展思路，提出四种基于差异化和区域产业链的西部联动发展创新模式：现代服务业优势区与资源产业潜力区基于价值链的区域联动模式；现代服务业优势区与现代服务业潜力区之间基于物流通道的区域联动模式；制造业发达区与制造业成长潜力区之间基于配套链的区域联动发展模式；制造业发达区与资源产业发达区之间基于协作开发链的区域联动发展模式。

区域产业联动发展既需要充分发挥市场在产业资源跨区域配置中的基础和主导作用，也需要充分发挥政府政策引导和推动作用。因此，本书基于更好地发挥市场力量的角度提出了西部地区产业联动发展的路径，基于更好地发挥政府在西部地区产业联动中的作用角度提出政策优化建议。

根据西部地区目前经济和产业发展的阶段和水平，采用以区域产业链为载体的区域联动发展方式恰逢其时。基于差异性的区域产业分工和区域产业链可以使区域之间产生真正的依赖与互动，将产业链不同环节布局在要素资源最具比较优势的区域，有利于优化资源配置、提高区域整体竞争力。区域产业链的延伸和区域价值链的重构可以促进西部地区区域分工的深化和结构性增长，也有利于帮助西部地区将资源优势转化为经济优势，形成新的比较优势，实现西部地区整体经济实力的提升。

由于西部地区疆域广阔，资料收集难度大，再加上能力和条件有限，本书难免有疏漏和不妥之处，敬请学术同人和读者不吝赐教。

周孝坤

2019 年 4 月

目　录

第一章　绪论 …………………………………………………………（1）
　　第一节　研究背景及意义 ………………………………………（1）
　　第二节　文献综述 ………………………………………………（5）
　　第三节　主要研究内容与研究方法 ……………………………（6）
　　第四节　创新点与主要观点 ……………………………………（11）
第二章　区域产业联动发展理论分析 ……………………………（14）
　　第一节　区域产业联动发展的理论依据 ………………………（14）
　　第二节　区域产业联动发展的基本原理分析 …………………（23）
第三章　西部地区经济现状分析及产业联动潜力测度 …………（37）
　　第一节　西部地区经济发展现状分析 …………………………（37）
　　第二节　西部地区产业联动发展条件分析与潜力测度 ………（45）
第四章　西部地区差异性分析与经济类型区甄别 ………………（57）
　　第一节　西部地区差异性分析 …………………………………（57）
　　第二节　经济类型区甄别指标体系构建 ………………………（75）
　　第三节　西部地区经济类型区甄别实证分析 …………………（86）
第五章　西部地区产业及产业链分析 ……………………………（103）
　　第一节　西部地区产业分析 ……………………………………（103）
　　第二节　西部地区主要产业链分析 ……………………………（124）
　　第三节　西部地区产业及产业链分析的主要结论 ……………（154）
第六章　西部地区产业联动发展创新机制与模式 ………………（161）
　　第一节　基于区域产业链的西部地区联动发展
　　　　　　创新机制 ……………………………………………（161）

第二节　基于差异化和区域产业链的西部地区联动
　　　　　发展创新模式 …………………………………………（168）
第七章　西部地区产业联动发展的路径与政策优化 ……………（175）
　　第一节　西部地区产业联动发展的路径 …………………（175）
　　第二节　西部地区产业联动发展政策优化建议 ……………（178）
参考文献 ………………………………………………………（188）
后记 ……………………………………………………………（196）

第一章

绪　论

本章首先阐释了研究背景和研究意义，梳理了国内外研究现状，然后对主要研究内容、技术路线、研究方法、主要观点、创新点及不足之处进行了初步分析和探讨，从而明确本书的研究逻辑及核心价值。

第一节　研究背景及意义

一　研究背景

（一）加快西部经济发展，防止东西部区域差距过大已成当务之急

经济发展不平衡是各国普遍存在的现象，缩小区域差距、促进区域经济协调发展一直是学术界和政府关心的热点问题。改革开放以来，我国东部沿海地区受益于国家的一系列优先发展政策以及区位优势，整体经济迅猛发展。与此同时，广大西部地区由于地处内陆，受发展基础和思想观念制约，自我发展能力不足，经济发展乏力，使西部地区社会经济发展水平相对落后，成为我国经济协调发展的"短板"。近年来，虽然国家通过西部大开发等政策在一定程度上促进了西部地区的发展，但我国东西部地区经济发展水平差距仍然较大，区域间经济发展不平衡问题日益突出。区域经济差距的拉大既影响国家整体的发展，也不利于资源配置效率和社会总体福利水平的提高，因此，加快西部地区经济发展，防止东西部经济发展差距过大已是当务之急。

（二）传统发展思维和路径收效甚微，西部经济发展亟待探寻新路径

西部地区自然资源丰富，却难以将资源优势转化为经济优势，经济

发展远远落后于东部地区。长期以来，自东向西的产业转移和加强东西部经济合作被认为是缩小区域差距和实现东西部地区协调发展的有效路径。尽管东西部地区的经济合作在一定程度上促进了西部地区经济的发展，但是这条路径却导致东西部地区之间发展差距仍在持续扩大。究其原因，主要有以下两个方面：

其一，西部地区大部分产业处于全球价值链的中低端，东西部之间产业转移几乎都是梯度转移，东部向西部转移的大多属于附加值低的加工制造环节，从而进一步强化了西部地区"能源和原材料供应基地"的地位和低端锁定，不利于西部地区的经济追赶。

其二，根据距离衰减理论，在其他条件相同的前提下，要素间的相互作用与距离的平方成反比；东西部之间相距过远，东部经济发展的势能很难扩散到西部地区，经济要素的相互作用以及经济合作的效果十分有限，仅靠东西部地区之间现有的合作方式和力度难以促进西部地区的快速发展。

纵观国内外欠发达地区发展历程，反思西部大开发战略实施十几年来的成果与不足，传统的发展思维和路径无法从根本上改变西部地区内生增长能力不足、东西部经济发展水平差距越拉越大的现实，西部地区亟待突破现有发展思维定式和路径依赖，探寻新的发展路径。

(三) 西部传统比较优势受到挑战，需要创新发展机制形成新的比较优势

西部地区发展面临新问题，传统比较优势正受到挑战。由于西部地区经济发展整体滞后，资金和技术有限，但劳动力和能源矿产资源丰富，大部分地区主要发展的是劳动密集型产业和资源密集型产业，不仅产业链短、产业聚合力差、附加值低，而且地区间分工与合作水平不高，区域资源难以有效整合，造成重复建设和产业结构趋同，招商引资恶性竞争时有发生。另一方面，西部地区的"人口红利"正在消失，劳动力成本正在攀升，资源的粗放开发对环境和生态造成的影响正在引起关注和反思，而且能源和矿产资源是不可再生的。西部的传统劳动力和资源禀赋比较优势正面临极大挑战，亟待重新整合资源、创新发展机制，从而形成新的区域比较优势。

(四) "一带一路"倡议为西部地区带来新机遇，联动发展势在必行

"一带一路"倡议的实施，使西部地区从改革开放的"末端"变

成了改革开放的前沿，将构筑我国陆海联动、内外联动、东西双向开放的发展新格局，为西部地区经济发展带来前所未有的新机遇。"一带一路"倡议的重点是要与沿线国家和地区开展全方位的深层次经贸合作，促进关联产业和产业链的协同发展。位于内陆的西部地区处于国际分工的末端和产业价值链的底端，曾经接受"发达国家—中国东部沿海—中国西部"的产业梯度转移，随着"一带一路"倡议的推进和渝新欧、蓉新欧等国际物流大通道的开辟和完善，西部地区可以主动出击，积极开创对外开放新局面，寻找发展契机、整合资源，集聚各种要素和各方力量，发展更高层次的内陆开放型经济，推动机制创新，破解发展"瓶颈"，深度融入世界经济体系，实现经济的跨越式发展。然而，西部地区经济整体发展水平不高，单个省份的经济实力还不够强。新的发展形势下，企业之间的竞争越来越表现为供应链、产业链之间的竞争，区域之间的竞争表现为区域板块之间的竞争。因此，要摆脱低端锁定、攀升产业高地，西部经济板块联动发展从而形成合力势在必行。

那么，加快西部地区发展、实现西部内生增长的突破口在哪里？西部地区经济实现跨越式发展的新路径在哪里？西部地区如何整合资源、创新发展机制形成新的比较优势？如何更充分发挥市场和政府的双重作用使区域之间产生真正的依赖与互动？这些问题正是本书所要研究和试图解决的主要问题。

二 研究意义

（一）理论意义

1. 补充和完善类似于西部的欠发达地区实现赶超发展的理论研究。

本书从新的视角研究符合市场机制的区域产业链整合与区域联动模式，构建起"单个地区比较优势—以区域产业链为载体的联动发展—区域新的比较优势—区域自我发展能力提高—实现赶超"的内在逻辑，拓展了比较优势理论、分工理论、价值链理论，促进区域经济学、产业经济学、发展经济学和经济地理学等相关学科的发展和融合，补充和完善了类似于西部的欠发达地区赶超发展的相关理论研究。

2. 为研究区域联动发展提供新的理论思想和视角，丰富区域经济理论。

本书揭示区域经济合作与互动的内在利益驱动机制，并从理论上分析基于区域产业链的区域联动驱动力与利益来源，认为区域产业链可以成为维系区域间交流与互动的自组织载体。从某种意义上讲，区域产业链的本质是一种跨区域整合并链接资源的经济联动机制，而且，基于区域产业链的区域联动因为有经济利益的强大吸引力、千丝万缕的关联关系和大量现实的经济活动的互动，这种联动发展会更具有操作性和持续性。因此，本书的研究可以为探索可持续的区域合作与互动发展提供新的理论思想和视角，丰富了区域经济理论。

（二）现实意义

1. 为促进西部地区产业协调发展和西部经济发展提供有益的参考。

西部开发进入纵深发展阶段，产业结构趋同、经济增长后劲不足等问题亟待探索新的解决思路。本书研究以区域产业链为载体进行要素重组整合和价值增值，最大限度地发挥各区域的比较优势，基于产业间的相互关联和区域产业链的延伸而使各区域多要素、多领域、多形式地对接互补，联动发展形成合力和新的比较优势，从而突破西部地区落后锁定状态。这对于促进西部地区整合资源、产业分工与合作、经济良性互动，提高整体竞争力和互利共赢发展有现实的指导意义。

2. 对解决我国区域经济发展中的现实问题，促进区域协调发展有现实参考价值。

近年来，无论是发达的东部地区还是相对落后的中西部地区，区域经济发展中存在产业同构、同质化竞争、条块分割、区域合作水平不高等相似的问题。本书研究基于差异化和区域产业链的西部地区产业联动发展与政策优化，研究如何依托区域产业链进行区域分工合作，以实现区域资源整合、区域竞争力的提升和经济发展；既有对利益机制和联动模式的理论分析，又有最新的典型案例分析。虽然本书是对西部地区产业联动发展的研究，但是对其他地区开展区域产业分工与合作、促进区域协调发展也具有参考价值。

第二节 文献综述

由于本书主要是研究以区域产业链为载体的区域产业联动发展问题，因此，这里主要从产业链与区域产业链、跨区域经济与产业联动两个大方向对国内外相关研究文献进行梳理和述评。

一 国内外关于产业链与区域产业链的研究

关于产业链早期的萌芽研究最早可以追溯到亚当·斯密在《国富论》中的论述以及艾伯特·赫希曼（1958）在《经济发展战略》中关于产业前向、后向关联的论述。国外学者主要是从微观层面研究企业之间的关联关系及如何通过企业之间的协调管理降低成本、提高利润，在供应链和价值链方面有丰硕的研究成果。产业链是一个中观层面的概念，国外研究相对较少，因此，这里主要梳理国内关于产业链和区域产业链的研究文献。国内关于产业链的研究颇为丰富，主要集中在两个大的方面，一类是刘贵富（2006），芮明杰、刘明宇（2006），刘慧波（2009），杨锐（2012）等关于产业链的形成机理、竞争力、构建与整合方法、组织形式、经济效应等方面的理论研究；另一类是张雷（2007）、程宏伟等（2008）、成德宁（2012）、陈静锋等（2016）等关于某个具体行业的产业链优化和竞争力提升等方面的研究。国内关于区域产业链的研究相对较少，其中代表性的有：龚勤林（2004）在其博士学位论文中对区域产业链的形成机理、构建与优化等方面做了系统的研究；陈朝隆（2007）在其博士学位论文中对区域产业链的构建模式、构建战略等方面做了系统研究；全诗凡（2016）对京津冀地区的区域产业链与京津冀区域经济一体化做了系统的研究。

二 国内外关于跨区域经济与产业联动的研究

关于跨区域经济合作的研究成果颇为丰富，但是直接研究跨区域产业联动的文献相对较少。国外学者较早研究区域间经济联系的是 Dicken（1976），Massey（1979），Massey、Doreen（1984）等，他们对区域经济不均衡发展的原因及区域经济联系做了早期的研究，分析了地理位置、生产要素的区域流动及产业关联对区域经济发展效果的影响。之后，相关研究主要集中在区域产业集聚与区域经济发展方面。鉴于区域产业集聚的相关研究已经相当丰富而且与本书不是特别紧密，在这里暂不梳理。自2000年以来，特别是最近10年，关于区域产业联动的研究逐渐增多。吕涛（2007）、车冰清等（2007）、沈正平等（2007）、王红霞（2007）、聂锐（2008）、刘宁宁等（2009）、刘钊（2009）、叶森（2009）、王德利等（2010）、罗捷茹（2014）等对区域产业联动的影响因素、动力机制、联动模式、利益协调机制等方面进行了研究，从不同侧面得出区域产业合作协同发展对区域经济发展有较大促进作用的结论。此外，周超（2007），石晓利（2007），肖金成（2010），曾刚、林兰、叶森（2011），石碧华（2014）等分别对东部和中部地区的产业联动与经济合作进行了研究。对西部地区经济与产业联动发展的研究相对较少。其中有代表性的包括聂锐、吕涛等（2008）对西部能源产业联动的研究，曹华（2009）对西南区域内经济联动发展的研究，邓正琦、李碧宏（2009）对渝、鄂、湘、黔交界民族地区经济联动与整合的研究。

三 国内外研究现状述评

综观国内外相关文献，关于区域产业链的研究和区域产业联动发展的文献并不充裕，关于西部地区产业联动发展的研究更是远远不够，如何有效发挥市场和政府的双重作用使西部地区之间形成经济发展合力还有很大的研究空间；而且现有文献也无法从根本上回答基于区域历史发展差距、面对国际和沿海发达地区激烈竞争的西部地区如何加快经济发展、缩小区域差距。鉴于此，本书从区域产业链和区域差异化的全新视角，研究西部地区如何创新发展机制与模式从而形成新的竞争优势，实现区域经济的跨越式发展。

第三节　主要研究内容与研究方法

一 主要概念界定

基于现有研究成果和本书的研究角度及研究范围，对本书的主要概念界定如下：

（一）联动

联动即"联系"和"互动"，联动最初是指机械的一种运动方式，一定系统内若干个有某种联系的事物，当其中一个或几个事物运动或变化时，其他的事物也跟着运动或变化。用于社会科学领域，联动则是指为了共同的利益和目标，各有机组成部分相互联系、联合采取行动。联动有很多维度，本书主要是从产业的角度研究经济联动发展。

（二）区域产业联动

基于前面联动的界定，区域产业联动是指跨行政区的产业联合互动，具体来说，本书将区域产业联动界定为：区域间在不改变现有行政体制的前提下，基于一定的技术经济、时空布局和产业关联关系，在共同利益驱动下，通过充分地发挥市场和政府的双重作用整合分散的资源、优势和产业，并进行跨区域要素整合和价值创造，克服因分割、重复建设或同质化竞争而带来的弊端，形成产业发展合力，区域经济整体长期竞争优势的增值过程和共赢发展的过程。

（三）产业链

目前关于产业链还没有形成统一的认识，不同学者从不同的研究角度给出了不同的定义，大部分学者认为产业链是从原材料到用户的连续生产过程中企业所组的网链状结构，也有学者陈朝隆（2007）认为政府机构、中介组织是产业链不可或缺的节点，因此将产业链定义为"以分工协作为基础、以产业联系为纽带、以企业为主体的链网状产业组织系统"[①]。本书认为，政府机构和中介组织对产业链的运行很重要，但不是产业链的组成部分，产业链的节点仅包含企业及企业组成的集合。因此，本书将产业链界定为"围绕某类商品的生产或服务的提供而形成的一系列具有上下游关联关系的产业集合。"

（四）区域产业链

区域产业链是产业链在特定的区域空间所形成的时空布局。结合本书的研究范围和目的，将区域产业链界定为"跨越行政区的产业链"，即产业链跨越行政区延伸。在全国或世界范围内，区域产业链可能包括

---

① 陈朝隆：《区域产业链构建研究——以珠江三角洲小榄镇、石龙镇、狮岭镇为例》，博士学位论文，中山大学，2007年。

上、中、下游各个环节的完整的产业链,但在特定地区的产业链很可能不是完整的,仅表现为其中的一部分产业链片段。需要强调的是,本书研究的西部地区的区域产业链更多地表现为产业链片段,而非完整的产业链。本书所倡导的基于区域产业链的西部地区的产业联动发展,是在现有产业链基础上,通过技术、资金等资源整合及机制创新,尽可能地延伸区域产业链,并不是主张西部地区一定要做完整的产业链。从全国范围乃至全世界范围来看,由于西部地区在很多方面还不具有比较优势,因此,即使致力于延伸区域产业链,西部地区的区域产业链仍然只是全国乃至全球产业链的一部分,西部地区的发展离不开与东部、中部乃至世界的互动发展。

二 主要研究内容

本书基于西部地区发展差异性研究新形势下西部地区充分地发挥市场和政府双重作用的区域产业分工和资源整合模式,探索西部地区基于区域产业链的联动发展创新机制与模式。全书共分为七章:

第一章绪论,包括研究背景及意义,文献综述,主要概念界定、技术路线及研究方法,创新点、主要观点及研究的不足之处。

第二章区域产业联动发展理论分析。首先,分析区域产业分工理论、区域合作理论、产业关联与产业区位理论如何为区域产业联动发展提供理论依据和思想溯源,然后,分析区域产业联动发展的基础条件、各类主体参与区域产业联动的动机、区域产业联动促进区域经济发展机理、区域产业联动中市场与政府的作用及关系,为研究西部地区产业联动发展奠定理论基础。

第三章西部地区经济现状分析及产业联动潜力测度。分析西部地区当前经济发展概况及特点、经济联动发展现状、有利条件和制约因素,建立模型、收集相关数据对西部地区联动发展潜力进行测度,判断西部省份之间联动发展的可能性,为构建西部地区经济联动发展机制提供基础和支撑。

第四章西部地区差异性分析与经济类型区甄别。首先,分析西部各省份自然资源、经济、产业、基础设施、科教水平等方面的差异性。然后,设计产业发展水平综合评价指标体系,结合西部地区现有和潜在优势，使用因子分析与聚类分析甄别西部制造业、现代服务业和资源型产业发展水平类型区，为基于差异化设计西部地区联动机制和模式奠定基础。

第五章西部地区产业及产业链分析。首先，结合相关指标量化分析西部三次产业。然后，以选取西部地区最主要和具有代表性的产业链进行分析，揭示西部产业及产业链发展中存在的深层次问题，进一步证明了西部地区需要产业联动发展的必要性和迫切性，也为设计基于区域产业链的西部联动发展机制与模式奠定现实基础。

第六章西部地区产业联动发展创新机制与模式。在分析区域联动发展典型机制的基础上，构建西部地区基于区域产业链的联动发展创新机制；然后基于西部地区产业发展水平的差异，结合基于区域产业链的联动发展思路，提出四种基于差异化和区域产业链的西部联动发展创新模式。

第七章西部地区产业联动发展的路径与政策优化。首先，基于更好地发挥市场力量的角度提出了西部地区产业联动发展的路径：从政府推动过渡到市场驱动、从区域产业链的逻辑起点出发到顺势而为、依托现有的优势区域产业链进行拓展，从典型示范到全面推广、从松散合作到紧密联动。然后，基于更好地发挥政府在西部地区产业联动中的作用角度提出政策优化建议：加强政策执行情况监督，建立健全政策实施和评价机制；加大制度供给，为区域产业联动创造良好的制度环境；规范和引导非政府组织在区域产业联动发展中更好地发挥作用；厘清政府与市场的关系，提供良好的公共服务助推区域产业联动发展；建立区域利益协调机制，减少产业跨区域联动的行政壁垒；优化地方政府政绩考核评价制度，健全地方政府间协调与对接机制。

三 技术路线

本书研究基于差异化和区域产业链视角的西部地区联动发展创新机制与模式。首先，分析区域产业联动发展的理论依据和基本原理、西部12个省份的经济现状和联动发展条件，测度西部地区产业联动发展潜力，判断西部省份之间联动发展的可能性。然后，分析西部地区各省份的差异性，设计综合评价指标体系，甄别西部制造业、现代服务业和资源型产业发展水平类型区，为基于差异化设计西部地区联动机制和模式奠定基础；结合相关指标量化分析西部三次产业，分析西部地区最主要和具有代表性的产业链，揭示西部产业及产业链发展中存在的深层次问题，为设计基于区域产业链的西部联动发展机制与模式奠定现实基础；在分析区域联动发展典型机制的基础上，构建西部地区基于区域产业链的联动发展创新机制；基于西部地区在产业发展水平的差异化，结合基于区域产业链的联动发展思路，提出四种基于差异化和区域产业链的西部联动发展创新模式。最后提出西部地区产业联动发展的路径与政策优化。技术路线如图1-1所示。

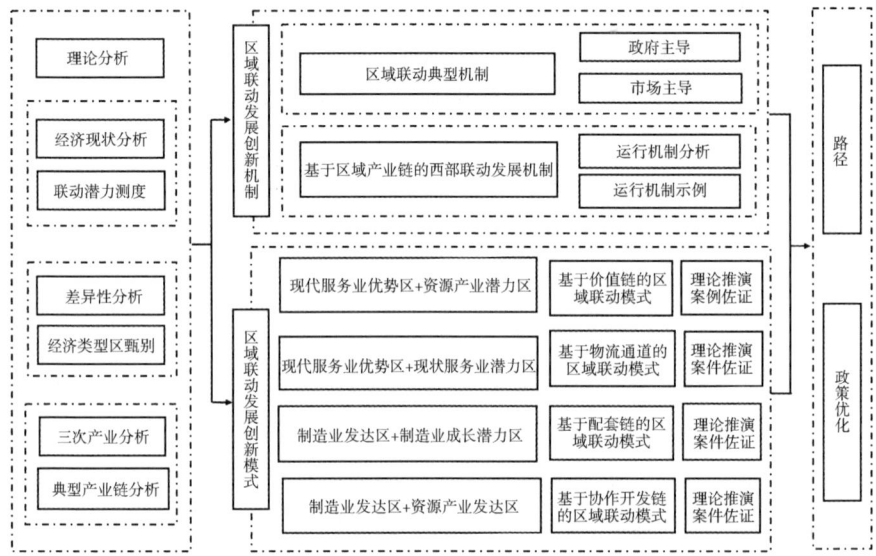

图1-1 本书的技术路线

四 研究方法

1. 定性分析与定量分析相结合。

采用定性分析法研究西部地区联动发展的基础条件、西部地区经济的特点等，对西部地区联动潜力的测度、西部地区工业发展省际竞争优势差异、西部地区经济类型区甄别等内容则进行定量分析。

2. 动态分析与静态分析相结合。

西部地区经济和产业链的发展处于动态发展变化之中。因此，在研究过程中，注重动态趋势分析与静态现状分析的结合。例如，第二章中，采用了从2000年到2015年共16年的数据分析西部地区产业结构、外贸依存度、地区生产总值等指标的发展变化趋势。而自然资源基础储量则相对来说变化不是太大，因此，仅采用了2015年的静态数据做分析。

3. 比较分析法。

本书是基于西部地区各省份经济及产业发展水平的差异来研究不同的产业联动模式。因此，本书广泛地运用了比较分析的方法，其中第三章和第四章密集地使用了比较分析法分析西部地区经济和产业发展的差异性。

4. 案例分析法。

为了更好地说明基于区域产业链的西部地区联动发展模式，采用了案例分析法。例如，用渝黔基于制造业区域配套链联动发展的案例进一步说明制造业发达区与制造业成长潜力区之间基于配套链的区域联动发展模式；四川与新疆以能源资源协作开发链带动区域联动发展的案例佐证制造业发达区与资源产业发达区之间基于协作开发链的区域联动发展模式。

第四节　创新点与主要观点

一　创新点

（1）从区域产业链整合的全新视角研究西部联动发展问题，构建基于区域产业链的西部地区联动发展分析框架，从经济和产业发展层面研究市场力量驱动的西部地区联动发展机制与模式，不仅能揭示当前西部地区经济发展水平滞后和联动发展水平不高的主要根源，也能帮助西部地区找到整合资源、形成新的比较优势的途径。

（2）基于西部地区之间的发展差异，建立模型并采集相关数据测度西部12省份之间的联动潜力，为判断西部省份之间联动发展的可能性提供量化参考依据；针对西部地区经济和产业发展特征设计综合评价指标体系，甄别西部12省份制造业、资源产业和现代服务业的发展水平及类型，为判断西部地区产业发展水平提供量化参考依据。

（3）构建了西部地区基于区域产业链的联动发展创新机制；基于西部地区产业发展水平的差异化，结合基于区域产业链的联动发展思路，提出四种基于差异化和区域产业链的西部联动发展创新模式：

◇ 现代服务业优势区+资源产业潜力区：基于价值链的区域联动模式

◇ 现代服务业优势区+现代服务业潜力区：基于物流通道的区域联动模式

◇ 制造业发达区+制造业成长潜力区：基于配套链的区域联动发展模式

◇ 制造业发达区+资源产业发达区：基于协作开发链的区域联动发展模式

二　主要观点

（1）为缩小西部地区与东部地区经济发展的差距，除了开展东西部之间经济合作以外，也需要西部地区各省联动发展形成合力。西部地区可以通过联动发展形成新的比较优势，从而实现区域整体经济实力的提升。

（2）基于市场机制和区域差异化的合理分工和区域产业链可以使区域之间产生真正的依赖与互动，推动资源的整合与要素的合理流动，实现区域联动共赢发展。

（3）区域产业链的延伸和区域价值链的重构可以促进区域分工的深化和区域结构性增长，也有利于帮助西部地区将资源优势转化为经济优势。

（4）可以把区域产业链的本质理解为跨区域整合资源的一种机制。根据西部地区目前经济和产业发展的阶段和水平，采用以区域产业链为载体的区域联动发展方式恰逢其时。将产业链不同环节布局在要素资源最具比较优势的区域，建立经济利益驱动的基于区域产业链的区域互动关系，可以达到优化资源配置、提高区域整体竞争力的效果。基于区域产业链的区域联动更具有操作性和持续性。

（5）区域产业联动发展既需要发挥市场在区域产业资源配置中的主导决定作用，也需要充分发挥政府政策引导和调控作用，是政府与市场的有机结合。

第二章

区域产业联动发展理论分析

区域产业联动是区域之间在产业分工基础上的联合互动。因此,区域产业分工理论、区域合作理论、产业关联与产业区位理论都为区域产业联动发展提供了重要的理论支撑。本章首先分析这些理论如何为区域产业联动发展提供理论依据和思想溯源,然后分析区域产业联动发展的基础条件、各类主体参与区域产业联动的动机、区域产业联动促进区域经济发展机理、区域产业联动中市场与政府的作用及关系,为研究西部地区产业联动发展奠定理论基础。

第一节 区域产业联动发展的理论依据

区域产业联动发展的本质是区域间产业的分工与合作。因此,本节首先梳理并分析区域分工理论和区域合作理论对区域联动发展的理论支撑,然后在此基础上梳理产业关联和产业区位理论,为区域产业联动发展进一步探寻理论依据。

一 区域产业分工理论

区域分工理论源自解释国际贸易和国际分工的古典国际贸易分工理论,后来被引入区域经济学用于解释区际贸易和分工。其中,最有影响力同时也给本书研究提供较大理论支撑的有如下几个理论。

(一) 传统分工理论

1. 绝对优势理论。

绝对优势理论由英国经济学家亚当·斯密在其经典著作《国民财富的性质与原因的研究》(又名《国富论》,首次出版于1776年)中提出，其核心思想是，成本的绝对差异是专业化分工产生的原因，自然禀赋或工业发展所获得的有利条件可以使一个国家生产某种产品的成本绝对低于其他国家，从而使该国具有该产品的"绝对优势"；分工可以极大地提高劳动生产率，每个国家都应该集中生产并出口该国具有"绝对优势"的产品，进口具有"绝对劣势"的产品，则参与分工和贸易的各国的资源都能被最有效地利用从而从中获利。绝对优势理论在区域经济中也完全适用，但是，绝对优势理论无法解释绝对先进地区和绝对落后地区之间的分工与贸易，因为绝对落后的地区可能在任何产品的生产上都不具有绝对优势，按照绝对优势理论，绝对先进地区与绝对落后地区之间是无法实现分工并产生贸易交换的，但是在现实经济生活中，绝对先进地区与绝对落后地区的分工与贸易大量存在。

2. 比较优势理论。

比较优势理论由英国古典经济学家大卫·李嘉图在其代表作《政治经济学及赋税原理》中提出，其核心思想是，即使一国生产所有商品的成本都比别国高，即该国在所有商品的生产上都处于绝对劣势，但是，绝对劣势的大小一定有所不同，该国可以集中生产并出口其绝对劣势小的商品，进口绝对劣势大的商品，这种建立在生产成本相对差别上的国际分工和贸易也能使各地区的资源得到更有效的利用，从而实现共赢。这里说的绝对劣势小的商品其实就是该国具有比较优势的商品。

与绝对优势理论相比，比较优势理论能更普遍地解释国际贸易产生的基础和利益来源，成为国际分工和国际贸易不可动摇的理论基石。比较优势理论对区域产业分工也提供了更普遍的适用性，一个地区生产什么、如何参与区域分工与贸易要充分考虑自身的比较优势。区域产业分工的基础不一定是生产成本的绝对差别，生产成本的相对差别也可以成为区域分工的基础，也就是说，在任何商品生产上都不具有成本优势的地区可以通过生产具有相对比较优势的产品参与区域分工并从中获益。

在李嘉图最初的研究中，比较优势来源于劳动生产率的差异，即生产技术水平的差异，但他运用比较优势解释区域分工和贸易的思想被广泛运用，随着研究的不断深入和理论的推广，比较优势的来源被拓展得越来越广，基础设施优势、地理环境优势、资源优势、社会文化优势、政策环境优势等都被考虑到比较优势的来源当中。

一般来说，区域之间的比较优势存在差异，基于比较优势产生的区域产业分工也相对不同，而且这种分工不是孤立的，产业的关联性会导致各区域产业之间产生复杂的经济技术联系。此外，随着经济的发展，区域之间的比较优势会发生变化，原来的比较优势可能会变成比较劣势，原来的比较劣势也可能成为比较优势，这会导致区域间重新分工和产业布局的调整。例如，随着经济的发展，发达地区的土地价格、劳动力成本和生产成本会不断提高，并逐渐丧失发展某些产业的比较优势，而欠发达地区有可能会逐渐获得发展某些产业的比较优势，从而使相关产业在地区之间转移或区域之间形成新的分工格局。

比较优势理论对西部地区产业联动发展的适用性极大。西部各省份经济发展水平参差不齐，有的省份可能在很多产业上都不具有绝对优势，但是，根据比较优势理论，每个省份一定存在具有比较优势的产业，按照比较优势进行产业分工与合作，则可以实现互利共赢。

3. 要素禀赋理论。

要素禀赋理论也称作"赫克歇尔—俄林理论"（H-O 理论）。该理论由瑞典经济学家赫克歇尔（Hecscher）和他的学生俄林（Ohlin）提出，是对比较优势理论的继承和发展。赫克歇尔在其 1919 年发表的论文《对外贸易对收入分配的影响》中指出，即使两个国家各个生产部门技术水平都相同，但生产要素禀赋存在差异，使用不同比例的要素投入生产会产生不同的比较优势，因此仍然存在国际分工和贸易的基础。俄林在其 1933 年出版的经典著作《区际贸易与国际贸易》一书中指出，各地区生产要素的相对丰裕差异决定了商品生产成本和价格的差异，从而导致区际贸易和国际贸易的发生；而随着要素被不断投入生产和贸易的不断进行，各地区生产要素的丰裕程度会发生变化，最终各地区生产要素的价格会趋于均等但不会达到完全相等；一国应生产并出口较密集投入其相对丰裕生产要素的商品，进口较密集投入本国相对短缺要素生产的商品，这样的区际贸易和国际贸易能使双方都获利。俄林主张推行贸易自由化，降低贸易限制。在赫克歇尔和俄林之后的研究中，技术、信息等非传统生产要素也被纳入要素禀赋之中，要素密集度和要素丰裕度动态变化的理论发展更是使要素禀赋理论由静态发展转为动态发展。

要素禀赋理论认同比较成本差异是区际贸易或国际贸易的基础，并进一步从要素丰裕度和要素密集度差异的角度说明了为什么某个国家具有生产某种商品的绝对成本优势或比较成本优势。要素禀赋理论提供了更直观判断比较优势的方法，对当前从更广阔的角度研究区域分工问题具有重要的理论和现实指导意义。各区域的土地、劳动力、资本等生产要素禀赋各不相同，这些要素禀赋在中短期内保持相对稳定但在长期来说可能会有变化，应该充分利用本地区相对丰裕的要素进行生产并参与区域分工。由于产业链不同环节产品的要素密集度不同，对要素丰裕度的要求也不同，一个地区往往难以在所有产业和产业链所有环节都具有要素禀赋优势，从而决定了区域产业分工的必然性。不同地区依据自身的要素丰裕度和产品的要素密集度生产具有比较优势的产品，然后通过区域贸易实现共赢。要素禀赋论从利用资源禀赋寻找区域比较优势的角度为区域产业联动提供理论基础，建立在要素禀赋理论基础上区域产业分工，更有效地发挥本地区的生产要素优势，实现资源更优化的配置，这为制定区域产业政策提供了理论依据并具有指导意义。

（二）新分工理论

传统分工理论认为，要素禀赋差异是区域之间分工和贸易的基础，区域之间要素禀赋差异越大，分工越可能发生。但是，20世纪50年代末以来，实践中出现很多传统分工理论不能很好地解释的新问题，比如，要素禀赋相似和经济发展水平相近的地区之间分工和贸易量大大增加。许多学者从不同角度和侧重点，针对区域分工和贸易的新问题，构造了新的模型进行解释，从而丰富了分工理论。学者把产业组织理论引入到区域分工理论研究中，认为市场中完全竞争是特例，不完全竞争才是普遍现象，而且规模经济报酬并非不变，实践中也存在规模经济报酬递增的现象。由于这些理论改变了传统分工理论的假设条件，分析框架也不同，所以把它们称为新分工理论。

1. 规模经济与区域分工。

著名经济学家保罗·克鲁格曼（Paul Krugman）和埃尔赫南·赫尔普曼（Elhanan Helpman）在他们合著的《市场结构和对外贸易——报酬递增、不完全竞争和国际经济》一书中指出，当某种产品的生产具有规模收益递增效应时，生产规模越大，单位产品的成本会递减，从而具有成本优势，一个国家可以因为规模收益递增而导致专业化分工生产并出口该产品。可见，规模收益递增是国际分工和贸易利益的另一个重要来源，由此可以解释即使两个国家要素禀赋和经济发展水平相似，由于规模报酬递增的原因，这两个国家仍然可以进行专业化分工生产并通过国际贸易使双方都获利。

该理论虽然是解释国际分工和贸易形成的原因，其实也适用于一国范围内的区域分工。由于规模报酬递增效应的存在，要素禀赋相似、技术水平相当的地区之间也可以因为规模经济而进行专业化的产业分工并降低生产成本，由此会产生新的比较优势并从区域分工中受益。规模报酬递增能更好地解释技术和资本密集型产业在要素资源条件相似的区域之间的分工。一个地区发展什么样的专业化生产可能是由于地方政府政策导向的结果，也可能是某些不确定的偶然因素作用的结果。比如，某些地方政府用税收优惠政策引导企业以获取规模经济效益为目标在某个行业开展大规模投资和生产就属于前者，而某地区的企业抓住转瞬即逝的偶然机遇形成了大规模专业化生产的格局就属于后者。规模经济分为内部规模经济和外部规模经济，无论内部规模经济还是外部规模经济都具有很强的"路径依赖"，由于规模经济而形成的区域分工，一旦形成，往往会沿着既有路径不断积累和自我强化，发展成较为稳定的区域分工格局。

2. 产品生命周期与区域分工。

美国哈佛大学教授雷蒙德·弗农（Raymond Vernon）在其1966年发表的论文《产品周期中的国际投资与国际贸易》中分析了产品技术的变化及其对国际分工和贸易格局的影响，提出了著名的产品生命周期理论。弗农认为，和人的生命类似，产品也要经历导入、成长、成熟、衰退的生命周期。在产品生命周期的不同阶段对生产要素的需求不同，因此，同一产品在其生命周期的不同阶段会呈现出不同的要素投入密集度。在开发导入期，需要大量的高技术和研发成本投入，属于技术研发密集型产品；当技术扩散可以标准化生产后，技术的重要性下降，资本的重要性增加，该产品成为资本密集型产品；当技术内置于设备中、投入低技能劳动就能生产时，该产品成为劳动密集型产品。不同国家和地区的技术水平和要素禀赋存在差异，有的国家和地区技术和资本要素丰裕，在技术和资本密集型产品的生产方面具有比较优势，通常是高新技术产品开发地并在产品生命周期的导入期和成长期进行专业化生产；而有的国家有大量的廉价劳动力，在劳动密集型产品的生产方面具有比较优势，通常在产品生命周期的成熟期进行专业化生产。因此，处于不同生命周期阶段的产品会在不同的国家和地区生产，这就很好地解释了为什么一些最初生产并出口某类产品的国家经过一定时期以后反而需要进口该类产品，而最初进口某类产品的国家反而成了该类产品的出口国。

产品生命周期理论阐释了技术和产品从创新开发到成熟衰退的市场生命周期，从要素投入密集度和比较优势动态变化的角度分析区域分工和贸易产生的基础，这对于相对落后的地区在区域分工和经济发展中动态地把握比较优势、调整产业结构、找准区域产业联动与共同发展政策着力点具有重要的理论指导价值。

3. 需求偏好相似与区域分工。

前面的理论都是从生产或者供给的角度来研究区域分工和贸易的可能性，而需求相似偏好理论则是从需求的角度研究区域分工和贸易的产生原因。需求偏好相似理论由瑞典经济学家林达尔（S. B. Linder）提出，其核心思想是，工业品生产初期是为了满足国内消费的需要，当生产规模扩大产生规模经济效益、生产成本在国际市场上有竞争力的时候，则可能会出口；由于该产品是为了满足国内市场的需求偏好而生产的，因此，该产品更多的是出口到收入水平相当、消费偏好相似的国家，而且国家或区域间需求偏好越相似越容易发生贸易。对于一国范围内的区域分工来说，地理位置相对邻近的地区经济发展水平、收入水平、传统习俗和消费偏好可能更相似，因此，这些区域之间的分工和互动发展可能更密切。

二 区域合作理论

任何区域在发展过程中都离不开与其他区域在资源、资本、人力、信息、技术等方面的合作与互动。区域合作与区域联动发展密切相关，都是实现区域协调发展的重要途径，区域合作理论对区域联动发展有重要的理论支撑作用。

（一）相互依赖理论

布鲁克菲尔德在《相互依赖的发展》一书中论述了发达国家与发展

中国家之间是一种相互依赖关系，发达国家依赖发展中国家的资源、劳动力和市场，发展中国家依赖发达国家的技术和资本，所以很难说发达国家依赖发展中国家还是发展中国家依赖发达国家，实际上是相互依赖[①]。一个国家范围内的不同区域之间也是相互依赖的关系，经济社会发展到一定阶段必然会产生相互依赖，没有哪个地区能完全相互孤立地发展。区域之间相互依存程度大小有一定的差异，影响着生产要素的流动以及区域合作交流的层次和效果。此外，区域之间的相互依赖是一种双向影响的关系，具有互利性并处于动态变化中。

相互依赖理论是区域联动发展的重要理论依据。本书提出西部应基于区域产业链进行联动发展，暗含的前提条件是西部各省份之间是相互依赖的关系，而且这种依赖关系应该是互利的，因为单边有利的依赖关系难以持久维持；区域产业链的各节点企业之间和产业之间也是一种互利共存的相互依赖关系。

（二）协同理论

Hermann Haken（1976）系统论述了协同理论，其核心思想是，一个大环境中，非平衡的开放系统在与外界有能量或物资交换的情况下，存在相互影响的关系，通过协同作用，最终会出现时空及功能上的有序结构。协同理论所蕴含的思想是区域生产力布局、产业规划、交通基础设施规划、经济协同发展的重要理论基础。

西部12省份共处西部内陆，地缘接近，区际之间有大量要素及商品流动，但各地区经济发展水平有一定的差异性，因此，西部地区可以视为一个大的非平衡开放系统，根据协同发展理论，西部地区应积极发挥各地区的协同效应，地区和经济部门之间密切联系，相互支持，协调互利，促进资源的优化配置和区域经济快速发展。本书提出的基于区域产业链的区域产业联动发展实际上是不同区域的相关产业以产业链为载体的协同发展，可以有效地降低各类交易成本，获得协同效应。

（三）竞合理论

竞合是指既竞争又合作的关系，竞争是合作的基础，合作又会增强竞争优势并加剧竞争。竞合理论主张将竞争与合作有机结合，展开"合

---

① Brookfield H., "Interdependent Development", London: Methuen, 1975.

作性竞争",即企业或区域不能孤军奋战,同行业之间或区域之间除了竞争关系,还可以通过合作创造价值。

西部地区省份之间资源及其他发展条件有相似之处,存在一定程度的产业趋同问题,区域之间及企业之间必然有竞争关系,但是,当恶性竞争带来双输的情况下,不妨根据竞合理论,采取合作性竞争或竞争性合作的方式化解矛盾,一方面,竞争可以激发区域和企业的活力和发展动力,提高效率;另一方面,通过基础设施同享、分工协作、动态联盟等方式的合作可以提高区域整体实力,实现共同发展。

区域产业链从某种程度上说是区域之间竞合发展的有效载体,区域产业链上的企业之间既有竞争关系,也有合作关系。同一产业链环的节点企业之间由于提供的产品和服务之间的替代性更高,因此更多地体现为竞争关系,但适度的竞争可以激发企业的潜力和创造力,提高生产效率;上下游链环节点企业之间则更多地体现为合作关系,上下游企业之间相互配合、协同发展才能提高整条产业链的竞争力,从而在激烈的市场竞争中共同生存和发展。因此,基于竞合理念的区域产业链既有利于提高企业和产业竞争力,又有利于促进区域之间的产业联系和共同发展。

三 产业关联与产业区位理论

(一) 产业关联理论

在经济活动中,每个产业都有边界,即只从事社会经济活动中的某项专业化分工,因此,各个产业之间存在广泛而密切的经济技术联系,每个产业都需要其他产业为其提供各种产出作为其要素的供给,同时,又把自身的产出提供给其他产业进行消费,产业关联的实质是各产业之间的供给与需求的关系。产业关联的纽带包括产品、劳务联系、价格联系、生产技术联系、投资联系和劳动就业联系,任何一种联系纽带的变化都会对产业间的关联关系产生重要影响。例如,生产技术的变化会直接影响产业间产品和劳务供求比例关系;价格联系的变化在替代性产业之间引入竞争机制,促使生产替代产品的相关产业不断提高研发能力,从而有利于技术进步、节约成本费用,提高相关产业平均社会劳动生产率。利用投入产出表和投入产出模型可以从数量上全面、系统地分析每一产业部门与其他产业部门之间的内在联系与相互依存关系,为决策者把握不同产业的地位和作用、制定相关产业政策提供依据。

产业链是具有密切前后向关联关系的产业集合,前后向产业之间的供需关系是贯穿产业链的主线,因此,产业关联关系是基于区域产业链的产业联动发展的基础和底层逻辑,产业关联度和关联效应越大,区域产业联动发展的基础越好;相反,产业关联度和关联效应越小,区域产业就越难联动发展甚至无法联动。所以,为确保区域产业联动发展并产生预期的效益,需要对产业之间的关联关系有深入的分析和准确的判断。

(二) 产业区位理论

产业区位理论对区域产业链的空间布局有重要的理论指导价值,由于产业区位理论相当丰富,这里仅梳理对本书具有较大启发意义的代表性理论。

1. 杜能的农业区位理论。

德国农业经济学家约翰·冯·杜能(Johan Heinrich von Thunnen)在其1826年出版的《孤立国同农业和国民经济之关系》一书提出了"杜能圈"模型,首次系统阐述了农业区位布局的基本思想,认为农业布局并不完全由自然条件决定,还应考虑运输距离因素。虽然杜能的农业区位理论存在一些缺陷,但他采用抽象化的理论演绎方法和对空间区位的关注为后续区位理论研究带来深刻的启发。杜能也因最早研究产业区位问题而被誉为产业布局学的鼻祖。

2. 韦伯的工业区位理论。

德国经济学家阿尔弗尔德·韦伯最早对工业区位进行系统化的理论研究,是近代工业区位理论的奠基人。韦伯认为工业布局主要受运费、劳动力费用和聚集力三方面因素的影响,通过对这些因素的分析测算找出工业产品生产成本最低的最优区位。韦伯的理论虽然研究的是工业区位,但对其他产业布局也有指导意义。

杜能的农业区位理论和韦伯的工业区位理论共同的局限是在区位选择中只考虑生产成本最小,没有考虑市场需求、区域政策等因素对区位选择的影响。

3. 市场区位学派。

市场区位学派产生于20世纪30年代的垄断资本主义时代,该学派的主要观点是：在激烈的市场竞争中，消费需求是影响企业区位选择的重要因素，因此，产业布局时必须要充分考虑市场划分、市场网络结构合理安排等市场因素，把需求作为空间变量，尽量将企业布局在利润最大的区位。

4. 成本—市场学派。

成本—市场学派是在成本学派和市场学派的基础上形成的，该学派运用一般均衡理论研究区域产业布局问题，主张权衡成本与市场的相互关系，以最大利润为目标，综合分析自然环境、生产成本、运输成本、消费者购买力、销售范围和渠道等多重成本和市场因素来选择最有竞争力的产业区位。

5. 产业区位理论对本书的启发。

产业区位选择是综合权衡多方面因素的复杂过程。企业或产业在进行区位选择时，不仅要考虑原材料供应、基础设施、地理气候、资源条件等外部环境因素，也要考虑企业或产业本身特殊性质所决定的内部因素；不仅要考虑交通、能源供给等硬件环境，也要考虑政策、文化、制度等软环境。此外，根据相关产业区位理论，产业选择不仅要考虑成本因素，同时也要考虑市场因素，生产成本最低的区位并不一定是最优的区位，综合权衡成本因素和市场因素之后利益最大的区位才是更理想的区位。一个区域的资源和能力是有限的，往往只在产业链的某一个或几个环节具有区位优势，而无法成为产业链的各个环节的最优区位，因此，跨区域的组建产业链是不可避免的趋势，区域产业联动、协同发展成为必然。在区域产业布局的实践中，产业区位理论为如何权衡市场因素，又充分利用区域的成本比较优势甄选最优产业区位提供了理论支撑。

第二节 区域产业联动发展的基本原理分析

一 区域产业联动发展的基础条件

（一）区域要素禀赋的差异性与互补性

区域产业联动发展需要区域之间要素禀赋具有适度差异性和互补

性。区域经济发展需要自然资源、资本、劳动力等各种生产要素的投入，其中，土地、矿产资源等要素是不可流动的，而劳动力、资本、技术等要素是可流动的。区域要素禀赋是各区域拥有各种生产要素的数量。由于自然和历史因素的影响，要素禀赋在空间分布上具有一定的差异性和不平衡性。根据要素禀赋理论，要素禀赋决定了区域发展某种产业的比较优势，从而产生了区域产业分工。例如，土壤气候等自然条件好的区域发展农业，劳动力丰富的地区发展轻纺等劳动密集型产业，矿产资源丰裕的地区发展采掘业等资源密集型产业，资本充裕、技术发达的地区发展先进制造业等资本技术密集型产业。区域之间高度相似的要素禀赋往往带来的是高度的产业趋同和激烈的区域竞争。因此，区域产业联动的起点是区域之间由于要素禀赋差异引起的区域产业分工，而区域要素禀赋的互补性决定了区域产业的关联性和相互需求与依赖。区域产业链从上游原材料的供应到中游的生产制造再到下游销售服务的各个环节延伸，既离不开要素禀赋差异性决定比较优势和资源的支撑，也离不开要素禀赋互补性带来的相互需要与链接。因此，区域要素禀赋适度的差异性与互补性是区域产业联动发展的必要条件。

（二）经济发展水平与位势差

区域经济发展到一定水平并且区域经济发展水平之间存在适度的位势差是区域产业联动发展的重要经济条件。

大量实践表明，经济发展到一定水平，产业基础较好、具有一定规模经济效益的地区不仅是生产要素和产业投资活跃的热土，同时也有向外扩散技术和产业的潜力。其原因在于，经济发展水平较高的区域往往生产力和科技水平也较高，而生产力和科技水平的提高会改变区域之间生产要素流动的方向、速度和规模，使比较优势得以强化，区域之间要素配置的效率进一步提高。此外，经济和科技发展到一定水平会导致新兴产业部门的兴起和产业分工的日益细化，使区域之间的产业和经济联系更紧密。而经济发展水平太低的区域，产业基础薄弱，生产力落后，资源吸附能力差，缺乏配套能力，难以激发产业链接效应。因此，产业联动主要发生在经济水平发展到一定阶段的区域之间。

区域产业联动可以看成是产业资源跨区域的优化配置，是一个动态演进过程，在空间上表现为资本、劳动力、技术等生产要素在区域产间的流动和重新配置。区域之间的经济发展水平和产业基础需要存在一定的差异和位势差,才能引起生产要素的流动和经济的互动发展,但区域之间经济发展水平位势差不能过大;否则,经济基础过分悬殊、技术鸿沟难以逾越,产业网络难以链接,不利于产业联动发展。

(三) 区域产业之间的关联与互补

区域产业之间的关联度是影响区域产业联动发展强度和效果的重要因素。根据产业关联理论,产业之间存在广泛的供给与需求关系,因此存在千丝万缕的经济技术联系;但是,不同产业之间的关联方式和关联度存在差异。区域产业之间的关联方式和关联度不同,对区域产业联动的影响也会不同。由于在产业链中所处的位置不同,产业之间存在前向关联、后向关联和环向关联三种关联方式,在环向关联中,先行产业部门为后续产业部门提供中间产品,同时后续产业部门生产的产品会再返回到相关的先行产业部门,产业之间的关联更复杂也更紧密,因此,如果区域产业之间只存在前向关联或者后向关联,则区域产业联动的强度有可能不如区域产业之间存在环向关联的区域产业联动强度大。此外,不同产业之间的关联度不同,波及效果也不同。区域产业之间的关联度越大,区域之间越有联动发展的产业基础。在经济发展实践中,不同区域的要素禀赋和经济发展理念有差异,产业发展的重点和优先顺序不同,区域之间的产业会出现一定的互补性。区域之间产业的互补性是区域产业联动发展的经济利益来源和重要基础条件。

(四) 区位条件、基础设施与距离

发达的交通条件、临江靠海或者门户枢纽的区位条件,可以为区域产业联动发展赢得先机。交通便利、靠近原材料供应地或者靠近市场的地区往往是区域产业链延伸和产业布局的首选之地。"长三角""珠三角"以及众多发达地区的经济崛起和较高的区域产业联动发展水平,都与优越的区位条件密切相关。新的物流大通道的开辟可能会改变区位优势格局,改善沿线区域的区位条件,形成新的产业集聚带和联动发展带。

空间距离直接影响着区域之间生产要素流动的时间和资金成本,同时也影响着区域经济交流的效率,是区域产业联动发展的重要影响因素。从地理空间看,地域位置更靠近的区域之间生产要素流动的风险和需要克服的不利因素更小，物流成本更低，沟通和交流效率更高；从经济空间看，相邻地区的经济发展水平接近并有一定的梯度，产业分工与配套的基础好，交易成本低。从人文空间看，相邻地区风俗文化相似，思想观念接近，方言相通，更易于交流和沟通。因此，区域之间的距离影响区域产业联动发展的效果。从我国的实践来看，距离太远是东部和西部地区之间产业难以联动发展的重要原因。值得一提的是，虽然区域产业联动效果随距离增大有明显的衰减，但是，现代交通技术和通信技术的飞速发展为缩短区域间的空间距离和时间距离提供了可能性，可以降低区域空间联系的资金成本和时间成本，从而拓展区域产业联动的空间跨度。

区域的基础设施包括交通运输基础设施、能源设施、给排水设施等，其中交通基础设施对区域产业联动的影响最大，区域之间的各种原材料、半成品、产成品以及劳动力的空间位移都以一定的交通基础设施为载体。区域之间的通达性、交通便利程度、运输能力的大小、运输速度的快慢、物流效率以及成本的高低，直接影响产业资本的投向、区域产业的发展和联动绩效。虽然基础设施投资数额大、建设周期长、资金回收慢，有时为了区域之间的互联互通，往往需要相邻区域联合开发和建设；区域基础设施的改进和完善有利于生产要素和商品的区际流动，增加区域经济交流与合作，促进区域联动发展，对区域产业和经济的发展产生长远而深刻的影响。因此，良好的区域基础设施是区域产业联动发展的重要基础和条件。

（五）社会文化与政策制度环境

社会文化与政策制度环境是区域产业联动发展的软环境，影响着联动发展的规模和质量。

地域文化是历史与传统的长期沉淀，是社会资本的载体，能发挥持续而深远的影响。价值信念、风俗习惯、文化传统等非正式制度根植于区域经济社会活动中，对减少交易成本、建立稳定的互利互惠关系、实现知识和技术的扩散以及区域价值的创造等方面具有重要作用。地方文化、历史背景等环境变量会潜移默化地影响企业和政府管理人员的思想观念，并被运用到企业管理和政务管理实践中，从而影响区域生产要素的流向和资源的配置，决定着区域产业联动的方式和强度。如果区域的主流意识是地方保护主义和故步自封，就会产生排外行为，阻碍区域产业合作。如果区域的主流意识是开放进取，则有利于区域产业交流与合作。如果区域之间有共同或相似的价值观念和文化认同，将有助于相互间的沟通和理解，建立信任关系，从而更好地开展区域产业合作。因此，区域文化因素对区域产业联动发展的作用不可忽视。

良好的政策和制度可以约束和规范经济行为主体的行为，有利于营造公平、公正、稳定的产业发展环境，对区域产业联动发展有保障和促进作用。区域产业联动的制度环境包括相关产业政策法规、管理体制、区域协调组织和规章制度等，好的制度环境可以规范区域产业竞争与合作行为，解决区域产业网络构建和运行中存在的问题，降低交易费用，提高交易效率，促进区域产业链的延伸和有效运行，实现区域协同利益，保障区域产业联动的持续发展。相反，如果政策制度供给不足，即使有产业合作的前期基础，由于缺乏政策制度的保障，跨区域经济活动风险大，区域联动发展也难以长久维系。区域产业联动发展有赖于消除已有的造成区域分割和阻碍生产要素跨区域流动的制度障碍，形成有利于区域产业合作的激励制度，释放生产力，实现区域整体利益最大化。

二　各类主体参与区域产业联动的分析

（一）企业参与区域产业联动的分析

产业是生产或提供具有某种共同属性的产品或服务的企业集合，因此，企业是产业发展的行为主体，同时，企业也是区域产业联动发展的最重要和最根本的行为主体。作为国民经济的细胞和相对独立的经济实体，企业以营利为主要目的，运用各种生产要素进行加工生产，为市场提供商品或服务。企业成为区域产业联动主体是企业在追求自身利益最大化的过程中实现的。在区位选择方面，为了实现利润最大化的经营目标，企业会权衡收益与成本然后选择能为自己带来最大利润的区位投资生产。在自身规模较小的阶段，企业一般只能在某个具有特定区位优势的地方从事生产活动，例如选择产业集聚区，借助外部规模效应降低生产成本。随着实力的增强和生产规模的扩大，企业会出现内部分工外部化的需求，也就是进一步细化劳动分工，通过外部合作将部分非核心业务外包，从而更专注于自己最具比较优势的细分领域，获得更多利润。

由于每个区域的资源和优势是有限的，本地的配套企业可能并不是最有竞争力的合作伙伴，因此，企业在寻求外部业务合作的过程中，市场这只"无形的手"会指引企业进行跨区域的要素整合与配套协作，更好地发挥各区域的比较优势。当无数的企业进行跨区域要素配置和配套合作时，便产生了区域产业联动。可见，不懈拓展利润最大化边界的企业是区域产业联动发展的驱动者和实践者，不断发展和扩张的企业是区域产业联动发展的主体力量。

(二) 政府参与区域产业联动的分析

跨行政区的产业联动离不开地方中央政府的协调和地方政府之间的联动。中央政府在区域产业联动中的作用主要体现为站在全局的角度统筹规划、领导和协调各方利益。作为地区整体利益的代表，地方政府是区域经济活动中重要的组织者，同时也是区域产业联动发展中重要的协调主体，通过规划和政策调控影响着区域间的资源配置和产业联动。

从某种程度上说，经济学中对"经济人"的假设也适用于地方政府，因此，地方政府在区域产业联动发展中也是尽可能地追求本地区利益最大化。一方面，我国分权体制下的财政利益会驱使地方政府为了实现本地区财政利益最大化而出台地方保护主义政策，直接或间接地设置堡垒阻碍地方利益流出，从而保护和争夺本地的税收来源。地方保护主义人为地抑制了生产要素跨区域的优化配置，生产要素和资源被限制在有限的区域范围内封闭循环。另一方面，地方政府"经济人"的理性会催生对地方保护主义收益与成本的权衡。地方保护主义使企业受限于狭小的地区市场，价格信号不能真实地反映供需关系，区内自我循环扭曲了资源配置效率，分割的区域市场违背了产业分工的市场规律，区域失去比较优势而陷入高成本低效率发展的陷阱，这显然偏离了地方政府追求利益最大化的目标。当分割的市场不能为地方政府带来更多的收益时，尤其是当地方保护主义支付的经济代价大于从分割市场带来的利益时，寻求跨区域合作、促进区域产业联动发展便成为地方政府追求地方利益最大化的又一次理性选择。

政府可以在消除阻碍商品和生产要素跨区域流动的壁垒障碍、完善交通和通信等基础设施、提高公共服务水平、营造有利于区域经济合作的制度环境等方面发挥积极作用，促进区域产业联动发展。

(三) 非政府组织参与区域产业联动的分析

非政府组织以民间性和公益性为特征，既不同于政府部门，也不同于以利润最大化为目标的从事生产经营活动的企业，在推动区域产业联动方面起着沟通、监督、服务、协调的重要作用。具体地说，非政府组织至少在以下三个方面有助于区域产业联动的发展。首先，非政府组织可以在政府与企业之间发挥桥梁和纽带作用。非政府组织可以为企业提供咨询交流、市场分析等多样化的公共服务，代表企业向政府反映企业的意见和建议，影响产业联动政策的制定，在政府和企业之间起到很好的沟通协调作用。其次，非政府组织能为区域产业联动提供各种服务。例如，由于非政府组织具有公益性和自治性，可以从非官方途径介入到经济争端，有时能比政府更有效地解决经济纠纷。最后，非政府组织在区域产业联动中可以起到监督和自律的作用。商会、行业协会等非政府组织是经民主推选方式产生的自律组织，制定"行规"或公约用于协调行业事务，对企业具有监督和自律的作用；协会打破地域限制建立行业联盟，签订行业共同的合作协议，有利于区域产业联动发展。

三 区域产业联动促进区域经济发展机理分析

(一) 产业链跨区域纵向分离：帕累托改进

区域产业联动不是一蹴而就的，而是基于一定的基础和条件，在利益驱动下渐进发展的，这些基础条件归纳起来可以分为三个方面：一是自然条件，良好的区位条件、适度的空间距离以及区域之间在要素禀赋方面具有一定的差异性与互补性；二是经济条件，区域经济发展到一定水平并且存在适度的位势差，区域之间的产业具有一定的关联性和互补性，基础设施通达性好；三是社会条件，区域文化相通、政策制度环境开放友好。当这些条件具备时，跨区域资源配置的成本会大幅度下降，生产要素会逐步打破在行政区域内的封闭循环状态，形成跨区域的流动和互动交流，产业链不同环节会在经济利益的驱使下选择比较优势更大的区位，即产业链跨区域纵向分离。产业链跨区域纵向分离会从以下三个方面产生帕累托改进：

首先，产业链跨区域纵向分离有助于更充分地利用区域要素禀赋，更好地发挥区域比较优势。跨区域布局产业链细分环节，突破了在单个行政区范围内低水平配置生产要素的局限，扩大了资本、技术、劳动力等生产要素优化配置的选择空间，不仅可以弥补区域在资源和生产要素上的短板，还可以更充分地利用各区域的优势资源，获取更高的资源配置效益。产业链纵向分离必然会带来更专业和更大规模的区域分工，在微观层面表现为产业链环上的各个企业在经济利益驱动下自发地选择成本相对较小、市场相对较大、可以获得较大利润的区位进行生产，在区域层面则表现为各区域根据自身要素禀赋丰裕情况选择最具有比较优势的产业链环节进行大规模专业化分工，从而更大限度地发挥区域要素禀赋优势，降低生产成本，提高区域分工的收益，扩大利润空间，增加产业链不同环节的竞争优势，最终提升整条产业链的竞争力。

其次，产业链跨区域的纵向分离有助于企业获得更多的内部规模经济效益。更深程度的专业化分工有助于企业将人力、资本和技术等生产要素更专注地使用在所擅长的细分领域，这既能提高劳动生产的熟练程度，也有利于企业精进技术、改进工艺，提高劳动生产率。产业链区域纵向分离后产生的专业化分工一般以区域大企业为载体，这些大企业实力雄厚，资本充足，技术创新能力强，生产设备先进，适合规模化生产。跨区域的产业分工扩大了企业的市场容量，有利于企业进行批量采购和规模化生产，降低经营费用和生产成本；市场容量的扩大也使企业有激励进行技术革新，提高生产效率。成本的降低和效率的提高有利于企业获得递增的规模报酬。

最后，产业链跨区域的纵向分离有助于产业集聚并带来外部规模经济效应。产业链不同环节跨区域纵向分离后，同类企业或相似产业环节在特定区域聚集到一定程度后会产生外部规模经济。产业的发展需要专业的配套服务和专用的基础设施，单个或少量企业的市场需求不足以维持配套服务和专用设施的运营，同类生产活动在特定区域的集聚，扩大了市场需求，因共享专用设施和专业化服务而摊薄了单位成本，使集聚企业获得来自企业外部的成本节约，获得产业规模扩大带来的报酬递增。此外，产业在特定区域的集聚容易产生知识溢出效应和学习效应，有利于技术创新。同类企业的集聚会加大拥有专业知识和技能的人员之间的非正式交流，生产信息、技术信息、市场信息传播扩散加快，技能诀窍、新思想被更多的企业知晓和共享，知识扩散溢出促进企业之间形成学习网络和协同创新的环境，加快了技术创新的速度，推动了产业的发展和进步。外部规模经济效应在企业集中到一定数量后才会出现，当某个区域由于企业集聚产生外部规模经济优势以后，会吸引更多企业进驻，进一步强化这种区域优势。当然，这样的良性循环有一定的限度，过度集聚会产生负面效应，即外部规模不经济。总的来说，产业链的跨区域纵向分离带来的产业集聚而产生的外部规模经济效应，是一种后天形成的区域比较优势，进一步提升了区域增长的潜力。

（二）区域产业联合互动："1+1>2"

区域产业联动是区域之间基于产业关联进行的以生产要素跨区域流动和优化重组为主要内容的产业联合互动，以实现区域产业优势的互补和协同发展。区域产业的联合协作可以降低产业链上下游产业链环之间及同一链环不同企业之间的交易成本，促进产品和生产要素跨区域的优化配置，形成联动区域新的比较优势，产生"1+1>2"的区域协同发展效应。

1. 要素优化配置效应。

区域产业联动发展的过程同时也是逐步降低直至消除商品和生产要素跨区域流动的障碍过程，区域壁垒的拆除降低了区域和产业分割带来的无效损耗，把分散在不同区域的比较优势和产业活动有机组织起来，产业分工在更大范围内进行，要素在更广泛的区域内和产业间优化配置，要素边际生产力得以提高。

2. 产业竞争力提升效应。

区域产业联动发展能从多个方面提升区域产业的竞争力。首先，区域产业联动发展有助于产业链不同链环上的企业因为专业化分工和产业集聚而获得规模经济效益，提升了企业和产业链环的竞争力；其次，区域产业联动网络是联动主体为取得既定条件下利益最大化而多次博弈形成的，这种产业联动网络是一定时间内、一定条件下区域产业资源配置的最优解，具有相对的稳定性，企业之间信任度高，联系更密切，有利于降低产业联动网络节点企业之间的交易成本和风险，从整体上提高区域联动网络的交易效率和产业竞争力。再次，区域产业联动发展有利于产业技术创新。产业联动发展使企业之间和产业链环之间联系更紧密，新技术、新知识在联动网络的节点企业之间扩散更快，提高了技术创新的速度和能力；产业联动发展易于产生技术创新的连锁反应，当其中的某个产业环节有重大技术创新突破，会对与之有密切联系的前向关联产业和后向关联产业产生积极影响，甚至有可能带动整个联动网络的技术创新和升级。最后，区域产业联动发展有利于区域产业布局的优化。各区域通过产业互动，在动态博弈中选择最能发挥本地比较优势的产业链环节作为优势主导产业，有利于降低区域产业同构，减少低层次竞争，区域产业布局更加合理，优势产业更为突出，区域整体产业竞争力更强。

3. 区域协同发展效应。

区域产业联动突破了产业要素在单个区域封闭循环配置的局限，将不同产业链和价值链的各个环节在更具有比较优势的区域间重新布局，要素禀赋被有机整合起来，激发了各区域的经济发展潜力，区域间优势互补或优势叠加，形成区域发展合力，获得"1+1>2"的协同发展效应。基于区域产业链的区域联动发展是以上下游产业之间投入和产出关联关系密切连接在一起的产业链为纽带，在追求最大经济利益目标的驱动下，区域之间通力合作，相关部门密切配合，进而促进相关区域资本、技术、劳动力等要素的优化配置和产业发展。区域产业联动发展既是为了区域自身经济发展的需要，也是为了适应更大范围区域竞争的需要。产业跨区域联动发展有利于区域之间扬长避短，相互支持配合，产生联动效应，形成联动区域新的整合比较优势，提高区域整体发展能力和竞争力。

四 区域产业联动中市场与政府的作用与关系

区域产业联动发展是产业分工不断深化、各区域利用比较优势进行专业化生产再进行跨区域产业合作的结果，市场这只"看不见的手"自发协调和配置资源，在促进区域产业联动中发挥着不可替代的驱动作用，然而，市场是不完全的，在利益的驱动下，可能会导致资源配置的无效性和无序性，政府这只"看得见的手"则可以利用信息和组织方面的优势，减少要素跨区域流动的障碍，降低交易成本，弥补市场失灵带来的问题，促进区域产业联动发展。因此，区域产业联动发展既需要发挥市场在区域产业资源配置中的主导决定作用，也需要充分发挥政府政策引导和调控作用，是政府与市场的有机结合。

(一) 市场机制在区域产业联动发展中的作用分析

市场机制是市场主体以效率为原则、以追求利益为目标，在价格机制、供求机制、竞争机制和风险机制的共同作用下推动要素有序自由流动、促进资源配置优化。市场机制在区域产业联动发展中的作用体现在以下几个方面：

1. 有效的市场机制能促进产业跨区域配置生产要素。

要素的价格主要由区域资源禀赋决定，不同区域要素禀赋存在差异，因此，区域间要素价格会存在差异，有效的市场价格信息会引导劳动力、资本等生产要素跨区域的流动，实现资源的优化配置，增加区域产业要素交换与联系。

2. 市场机制能促进产业跨区域分工与协作。

不同区域的不同企业运营管理能力不同，生产成本不同，产品价格也会有所不同；不同区域产品市场价格的差异会引导企业跨区域采购质优价廉的原材料、零部件和产品，价格和供求信息也会引导产业链的节点企业跨区域选择上下游配套企业，从而形成跨区域的产业分工与协作。

3. 市场机制有利于优化区域产业链的空间布局。

市场竞争机制会使生产和供应同类产品或服务的企业或区域之间展开公平竞争，这就需要企业充分利用区位优势和要素禀赋优势进行生产，提高内部运营管理能力并充分利用外部规模经济降低成本，力争在市场竞争中胜出。市场风险机制会按照优胜劣汰的法则自动调节区域产业链节点企业的进入与退出，使区域产业链的空间布局不断优化。

可见，市场机制有利于激发各区域产业发展潜力，在市场竞争中优化区域产业资源配置，通过区域产业联动发展促进产业与空间区位的更好匹配，最终实现区域经济的加速发展。

(二) 区域产业联动发展中的市场失灵

市场机制虽然在区域产业联动发展中发挥着重要的作用，但是并不能像理论分析的那样实现最优化结果。区域产业联动发展中的市场失灵主要表现在以下几个方面：

首先，完全由市场机制形成的区域产业联动发展可能会使区域经济发展差距过大。在市场力量作用下，产业基础好的地区会在区域产业联动发展中实现经济发展正反馈，而产业基础差的地区会在产业联动发展中逐渐被边缘化，产生经济发展负反馈。两者共同作用的结果会导致富者更富、穷者更穷的"马太效应"，区域之间的经济发展差距在市场力量的作用下有可能越来越大。虽然区域经济非均衡发展是普遍存在的现象，但是过大的区域经济差距会影响整个国民经济的健康发展。

其次，完全由市场机制驱动的区域产业联动发展可能会产生较大的负外部性。例如，某些产业的发展会造成跨区域的生态环境污染和破坏，企业却不必为此承担全部的后果；某些跨区域的基础设施，占用更多的本地区土地和资源但受益更多的却是其他地区。市场机制驱动的区域产业联动还可能由于经济活动过多而造成对区域公共资源的过度滥用，产生"公地悲剧"。因此，企业追求利润最大化而做出的对自身最有利的选择并非是区域或全局的最优选择，完全由市场机制驱动的区域产业联动有可能会付出高昂的代价。

最后，完全由市场机制驱动的区域产业联动发展可能会造成区域公共品供给不足，使区域产业发展后劲不足。市场经济中的企业是自负盈亏的经营单位，其决策的目标是企业利润最大化。纯粹的市场机制作用下的产业联动不利于投资大、回报期长的关系国计民生的产业发展，也不利于区域公共物品的供给。由于公共物品在使用过程中存在非竞争性和非排他性，因此，追求自身利益最大化的企业不会主动生产和供给公共物品。如果支撑区域产业联动正常顺利进行的公共物品供给不足，会使区域产业增长乏力，最终拖累区域经济的发展。

（三）政府在区域产业联动中的作用

由于存在市场失灵，仅靠市场机制的作用难以有效实现跨行政区的产业联动，政府在促进和维护区域产业联动良性发展中的作用不可或缺，主要体现在以下几个方面：

1. 制定促进区域产业联动发展的规划和政策，促进区域产业协调发展。

区域产业联动是十分复杂的协同发展过程，再加上信息不对称及诸多不确定性因素，发展难度大并具有一定的盲目性。政府是区域整体利益的代表，可以从宏观层面上，立足全局和未来对区域产业分工、产业布局、产业发展思路等方面进行梳理和规划,为企业参与区域产业分工与合作提供政策导向。区域产业联动需要区域间各种利益主体相互交融、协同作用,容易出现各经济主体之间利益的冲突,这就需要政府制定相应的政策和法规,构建良好的制度,引导和规范经济主体的行为,消除阻碍产品和要素自由流动中的体制障碍,创造有利于企业和产业发展的外部制度环境,弥补"市场失灵",使区域产业联动更符合区域长期的经济发展目标。区域产业联动发展中市场机制导致的区域经济发展差距过大问题往往需要借助政府的力量加以解决。产业基础差的落后地区可能在各个产业链环节都没有竞争优势,政府可以借助优惠的产业政策或者通过定向招商引资形成集聚经济为区域创造竞争优势,推动落后地区的产业和经济发展,逐步缩小区域发展差距,促进区域协调发展。

2. 为区域产业联动提供公共物品和服务。

市场机制在私人物品的生产和供应上能发挥较好的作用,但在公共物品的生产和供给上却是失灵的。因此,提供各种公共物品和服务是政府在区域产业联动发展中应该发挥的重要作用。公路铁路、港口码头、能源、通信等基础设施是区域产业和经济发展不可或缺的基础设施,教育、科技的投资有利于提高人口素质和社会的科技水平,这些领域由于具有"公共物品"的属性,由政府提供或参与资源的配置更有效率。充足的公共产品和良好的公共服务可以改善区域产业联动发展的硬环境和软环境,助推区域经济的发展。

(四) 区域产业联动中的政府失灵

随着经济发展水平的提升,生产技术和产业关联越来越复杂,政府引导区域资源优化配置的难度越来越大,决策失误或偏差的可能性也越来越大。政府在参与区域产业联动的过程中,可能出现过度干预、低效或无效干预,反而降低了经济效率。政府有效发挥经济职能有隐含的前提条件,即政府是一个大公无私的代表社会公共利益的组织并且拥有完全的信息。现实情况是,地方政府往往也并不拥有完全的信息,而且地方政府由于政绩考评压力等原因可能会出现追求短期、局部经济利益而忽视区域长期和整体利益的行为,比如滥用政策优惠、设置阻碍企业跨区域发展或要素跨区域流动的行政壁垒、基础设施建设各自为政、招商引资恶性竞争等。这些政府行为不仅不能纠正市场失灵,反而阻碍了市场机制的正常运作，不利于区域产业和经济的发展。

（五）区域产业联动中市场与政府的关系

从前面的分析中可以看出，在区域产业联动发展中，市场机制与政府机制各有所长，也各有所短。世界经济发展的实践也证明，区域产业分工与合作体系往往是以市场的作用为基础、政府适当调控，两种机制有机结合而形成的。区域产业联动涉及企业、政府、非政府组织等参与主体，政府制定的经济和产业政策以及提供的公共服务对区域产业联动有重要影响，既有可能推动也有可能阻碍区域经济和产业的互动发展，但是，区域产业联动最终的经济执行主体是企业，体现为跨区域的企业之间的联合互动或者企业内部跨区域产业部门之间的协作。而追求经济效益是企业永恒的主要目标，因此，能激发企业自主参与的符合市场机制的区域产业联动机制和模式才更具有生命力，也更稳定、更持久。在区域产业联动发展中，应该在坚持以市场力量为主的基础上，充分发挥政府的调控和助推作用，在市场与政府之间找到恰当的契合点，取长补短，更好地推动区域产业和经济的发展。

第三章

西部地区经济现状分析及产业联动潜力测度

西部地区疆域广阔，具有良好的自然资源优势，但是由于受区位、历史和制度等条件的制约，西部地区的资源优势没能很好地转化成经济优势，导致西部经济发展水平明显滞后于东部。本书认为，西部地区可以通过产业联动发展形成新的比较优势，从而实现区域整体经济实力的提升。

本章旨在分析西部地区当前经济发展概况及特点、产业联动发展的有利条件和制约因素，并对西部地区产业联动发展潜力进行测度，判断西部省份之间产业联动发展的可能性，为构建西部地区产业联动发展机制提供基础和支撑。

第一节 西部地区经济发展现状分析

一 西部地区概况

我国西部地区包括内蒙古、广西、重庆、四川、云南、贵州、西藏、陕西、甘肃、宁夏、青海和新疆12个省（自治区、直辖市）[①]，土地面积占全国陆地面积的71.6%，与俄罗斯、巴基斯坦、阿富汗、印度等12个国家接壤，陆地边境线约占全国陆地边境线的91%。

截至2016年年末，西部地区人口总数3.71亿，占全国人口的27%。自然资源丰富，发展空间巨大，在我国的经济社会发展中具有战略性的地位。但由于区位、发展历史等原因，西部地区的潜在优势没能

---

① https：//baike.baidu.com/item/%E8%A5%BF%E9%83%A8%E5%9C%B0%E5%8C%BA/987632? fr=aladdin.

很好地转化成现实优势,发展相对滞后,贫困面广,贫困程度深。从表3-1和表3-2可以看出,2013—2015年,西部地区城乡居民可支配收入最低,西部城镇居民可支配收入仅为东部地区的72%左右,而农村居民可支配收入仅为东部地区的63%左右。因此,西部地区迫切需要提升经济和社会发展水平。

表3-1　　　　城镇居民按东、中、西部分组的人均可支配收入　　　　单位:元

组别\年份	2013	2014	2015
西部地区	22362.8	24390.6	26473.1
中部地区	22664.7	24733.3	26809.6
东部地区	31152.4	33905.4	36691.3

资料来源:2016年《中国统计年鉴》。

表3-2　　　　农村居民按东、中、西部分组的人均可支配收入　　　　单位:元

组别\年份	2013	2014	2015
西部地区	7436.6	8295	9093.4
中部地区	8983.2	10011.1	10919
东部地区	11856.8	13144.6	14297.4

资料来源:2016年《中国统计年鉴》。

二　西部地区经济发展概况

(一)西部地区经济总体发展状况

自西部大开发战略实施以来,西部地区经济总体发展向好,呈现持续增长态势。2000年西部12省份的地区总产值为17276.41亿元,占全国国内生产总值的比重为17.4%,2015年达到145018.92亿元,占全国国内生产总值的比重提高到22.6%。虽然西部地区经济总量在全国的比重近十几年以来持续稳定提高,但是与经济发达的东部地区相比,西部地区的发展仍然落后很多,从图3-1可以看出,西部地区生产总值占全国国内生产总值的份额大大低于东部地区,甚至一直低于中部地区。

西部地区在经济总量持续增长的同时,人均GDP也在不断提高,

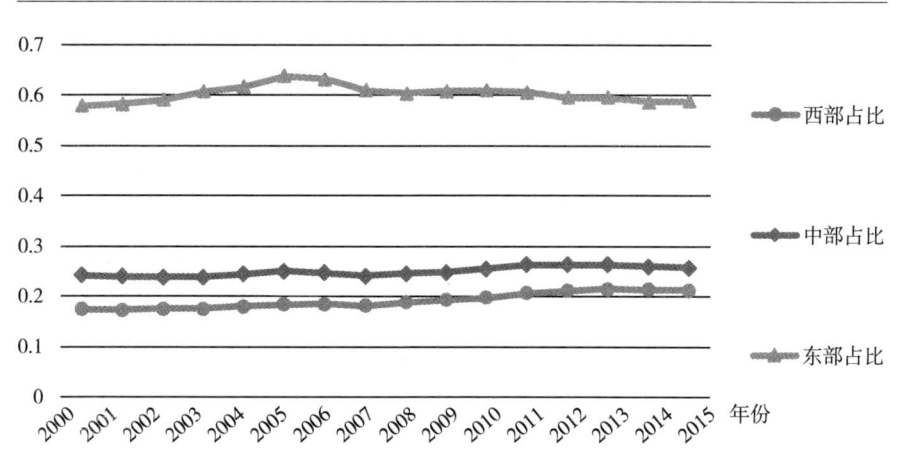

图 3-1　2000—2015 年 东、中、西部地区生产总值占全国 GDP 百分比

资料来源：根据历年《中国统计年鉴》整理。

但是大大低于东部地区和全国平均水平，而且也一直没有超越中部地区（如图 3-2 所示）。2000 年，西部地区的人均 GDP 为 4897.6 元，仅为全国平均水平 7942 元的 61.67%，东部地区 9786.2 元的 50%，中部地区 5765.2 元的 84.95%；2015 年，西部地区的人均 GDP 为 39053.9 元，是全国平均水平 49992 元的 78.12%，东部地区 70587.8 元的 55.33%，中部地区 40901.4 元的 95.48%（如图 3-3 所示）。西部地区人均 GDP 无论是与全国平均的差距还是与东部和中部地区的差距都呈现缩小的趋势。

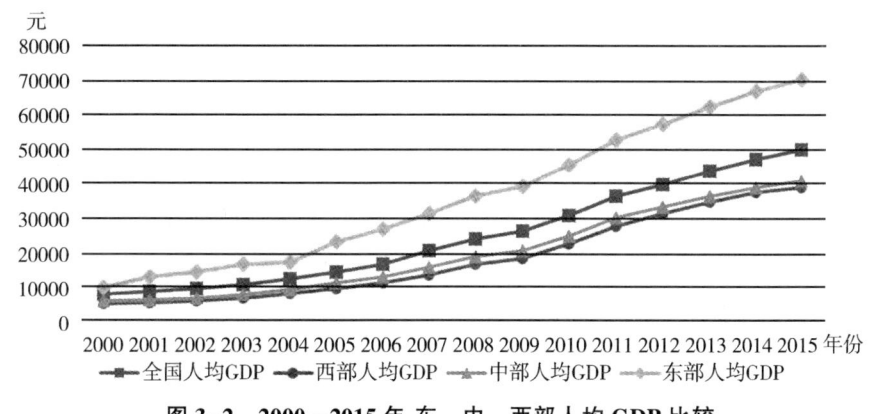

图 3-2　2000—2015 年 东、中、西部人均 GDP 比较

资料来源：根据历年《中国统计年鉴》整理。

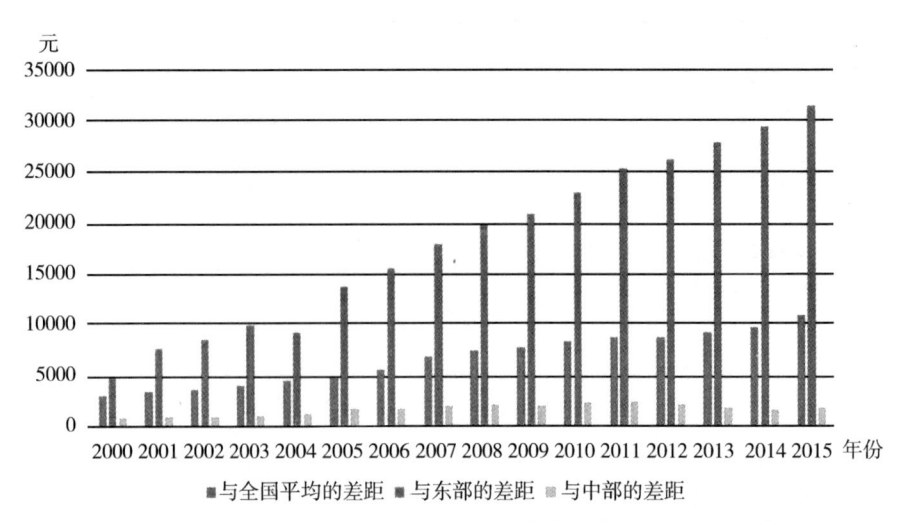

图 3-3 2000—2015 年 西部与全国平均及东部和中部人均 GDP 的差距

资料来源：根据历年《中国统计年鉴》整理。

（二）西部地区产业结构分析

图 3-4 显示了 2000—2015 年西部地区产业结构变化情况，西部地区第一产业的比重逐年下降，第二产业比重和第三产业比重则有波动，西部地区第一、第二、第三产业的比例从 2000 年的 22.26∶41.51∶36.23 变化为 2015 年的 11.97∶44.64∶43.39。可见，西部大开发战略

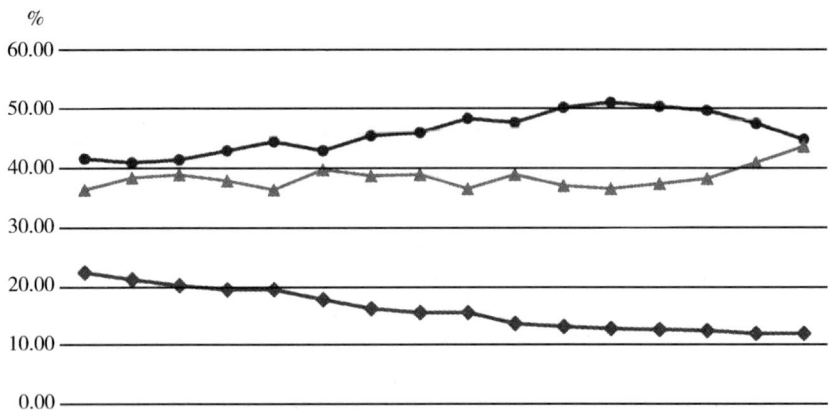

图 3-4 2000—2015 年 西部地区产业结构变化情况

资料来源：根据 2000—2015 年《中国统计年鉴》整理。

实施以来，西部地区三次产业结构处于不断优化之中，但总体而言一直都是"二三一"型的产业结构，不难发现，2011年以后，第二产业比重持续下降，第三产业比重持续上升，未来西部地区有望呈现"三二一"型的产业结构。

三 西部地区经济发展特点

（一）内向型经济特征明显，但近年来对外开放进程加快

西部经济具有明显的内向型经济特征，但近年来对外开放步伐加快。西部地处内陆，受区位、地貌、历史、政策制度等因素的影响，在国际、国内分工中大多处于产业链的低端，吸引外资能力有限，国际经济与文化交流相对较少，以利用国内资源为主、主要面向国内市场，呈现出典型的内向型经济特征。

从图3-5可以看出，西部外贸依存度一直处于较低的水平，2000年仅为8.2%，远远低于东部，东、西部差距最大是在2006年，西部地区只有11.16%，而东部地区高达91.75%。这可以从一个侧面反映出西部经济内向型特征。西部地区外贸依存度虽然低，但是2000年以来整体处于上升趋势，到2015年已上升到13.03%。不难发现，受2008年金融危机影响，外向型经济明显的东部地区外贸依存度下降幅度很大，但是以内向型经济为主的西部地区对国际市场依赖较小，外贸依存度仅在2009年小幅下降，此后逐年小幅上升。

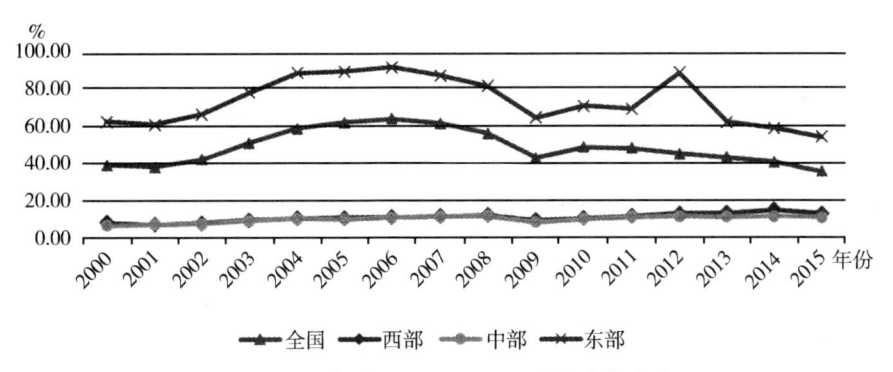

图3-5 西部地区2000—2015年外贸依存度

注：缺失西藏数据。

资料来源：《中国统计年鉴》。

西部地区外贸依存度和实际利用外资金额逐年提高与近年来西部地区加大开发力度、加快对外开放步伐有关。为了吸引外商投资西部地区、鼓励西部扩大对外经济与贸易，国务院有关部门多次出台了一系列涵盖税收、金融支持等方面的优惠政策和措施。截至2017年年底，国务院批准在西部地区设立的保税区有：重庆两路寸滩保税港区、重庆西永综合保税区、广西钦州保税港区、广西凭祥综合保税区、成都高新综合保税区、陕西西安综合保税区、西安高新综合保税区、新疆阿拉山口综合保税区、喀什综合保税区、乌鲁木齐综合保税区、贵阳综合保税区、内蒙古满洲里综合保税区、银川综合保税区、鄂尔多斯综合保税区。国务院批准设立的位于西部的自贸区共有三个：中国（四川）自由贸易试验区、中国（重庆）自由贸易试验区、中国（陕西）自由贸易试验区。

此外，西部地区还主动融入"一带一路"倡议，推进对外开放，比如，新疆正抓住建设中巴经济走廊的契机，积极推动面向中亚、西亚、南亚和欧洲的物流、能源和信息通道建设；云南正与缅甸、老挝和越南等共同建设国际运输大通道，建设大湄公河次区域经济合作新高地和孟中印缅经济走廊，打造面向南亚、东南亚的辐射中心。

总的来说，虽然西部地区历来内向型经济特征明显，但近年来地区对外开放进程加快，正由内向型为主的经济向外向型经济转变。

(二) 资源优势突出，高碳经济特征凸显

西部经济发展对资源依赖较大，凸显高碳经济特征。西部地区能源矿产资源储量丰富，从表3-3可以看出，16种主要能源和矿产中，西部地区占全国总储量一半以上的有12种之多。西部地区天然气和石油基础储量居全国首位，分别占全国总量的83.1%和40.7%。煤炭基础储量略低于中部地区，占到全国总量的44.8%。铁矿、锰矿、铬矿、钒矿和原生钛铁矿5种黑色金属储量均远高于其他区域，铬和钒储量占全国总储量的比例高达98.9%和92.7%，原生钛铁储量占全国总储量的比例也高达89.6%。铜矿、铅矿、锌矿、铝土矿、硫铁矿等有色金属矿产基础储量远居全国之冠。另外，西部地区也是磷矿、高岭土等部分非金属矿产的主要储藏区。丰富的能源矿产储量使西部地区形成了大量的资源型产业，如采矿业、矿产原材料加工业等。2014年，西部地区采矿业（煤炭开采和洗涤业、石油和天然气开采业、黑色金属采选业、有色金属矿产采选业、非金属矿产采选业）的总产值为20367.72亿元，占西部地区工业总产值的13.07%。矿产资源加工产业总产值为42274.41亿元，占西部地区工业总产值的27.15%，采矿业和矿产资源加工产业的产值加起来占到了工业总产值的40.22%。2015年，西部地区采矿业的总产值为159276.4亿元，占西部地区工业总产值的11.7%，矿产资源加工产业总产值为40097.74亿元，占西部地区工业总产值的25.17%，采矿业和矿产资源加工产业的产值加起来占工业总产值的36.87%①。可见，资源性产业在西部地区工业总产值中占有比较大的比重，西部地区经济活动表现出较强的对资源依赖性。

表3-3　　　2015年东、中、西部主要能源和矿产基础储量②

类别	全国储量	西部		中部		东部	
		储量	占比(%)	储量	占比(%)	储量	占比(%)
石油（万吨）	349611	142259	40.7	67967	19.4	78851	22.6
天然气（亿立方米）	51940	43184	83.1	2542	4.9	1110	2.1
煤炭（亿吨）	2440	1094	44.8	1176	48.2	170	7.0
铁矿（亿吨）	208	71	34.4	40	19.1	97	46.7
锰矿（万吨）	27626	23281	84.3	2733	9.9	1612	5.8
铬矿（万吨）	420	415	98.9	0	0.0	5	1.1
钒矿（万吨）	887	823	92.7	47	5.3	18	2.0
原生钛铁矿（万吨）	21434	19206	89.6	1054	4.9	1175	5.5
铜矿（万吨）	2722	1454	53.4	1120	41.2	148	5.4
铅矿（万吨）	1739	1327	76.3	198	11.4	214	12.3
锌矿（万吨）	4103	3379	82.4	271	6.6	453	11.0
铝土矿（万吨）	99758	69774	69.9	29797	29.9	187	0.2
菱镁矿（万吨）	103924	236	0.2	1	0.0	103686	99.8

① 数据来源：根据2015年和2016年《中国工业统计年鉴》的相关数据整理计算得到。
② 2016年《中国统计年鉴》中部分能源和矿产的全国储量数据与将各地区储量加总后得到的全国储量数据略有出入。计算东、中、西部储量是将各对应地区的储量数据相加得到，全国储量采用的是年鉴中原始数据。因此，部分能源和矿产东、中、西部占比的总和与100%略有出入。

续表

类别	全国储量	西部		中部		东部	
		储量	占比(%)	储量	占比(%)	储量	占比(%)
硫铁矿（万吨）	131101	72666	55.4	41489	31.7	16946	12.9
磷矿（万吨）	33	19	56.2	12	35.4	3	8.4
高岭土（万吨）	57403	36984	64.4	5845	10.2	14574	25.4

资料来源：根据2016年《中国统计年鉴》整理。

丰富的资源在西部地区经济发展过程中起到了重要的作用，也对我国的经济建设做出了巨大的贡献。但是由于西部以资源的开采和初加工为主，这种粗放型资源利用和开发，能源和资源消耗高、污染物和废弃物排放高，一直以来，单位地区生产总值能耗、单位工业增加值能耗、单位地区生产总值"三废"排放量等指标都大大高于全国的平均水平，有的指标甚至是全国平均水平的2—3倍。因此，西部地区经济发展的高碳经济特征表现得十分明显。

（三）经济内生增长乏力

西部地区经济增长的动力主要是依靠资源要素的投入与外部经济刺激，经济增长的内生动力还没有培育起来，难以实现可持续的内生发展。西部地区内生经济增长乏力主要体现在两个方面：

一是经济发展对资源的依赖性较强，但资源要素的投入始终是有限的，一旦资源用尽，区域经济发展就可能面临极大危机。以甘肃省为例，甘肃省目前的支柱产业是石油化工、有色冶金产业等资源开采业和粗加工业，而资源的可开采量正逐年减少，2008年玉门市被国家列入首批资源枯竭型城市名单，2009年白银市被国家列入第二批资源枯竭型城市名单、2011年红古区被列入我国第三批资源枯竭型城市名单，不难看出，随着资源的枯竭，靠资源开采和投入的资源型经济已无法支撑甘肃省的长远发展。不仅是甘肃，西部的大多数省区都存在类似的问题。

二是西部发展对政府投入和外部的依赖较大。西部大开发战略实施以来，国家通过税收优惠、政策倾斜，以及政府对西部增加转移支付、东部地区对西部地区对口支援等经济援助的方式支持西部地区发展。这些举措在一定程度上促进了西部地区经济的发展，但是，一部分被"输血"的地区反而形成了对国家政策照顾和经济援助的依赖，经济活力不足，自我发展能力和"造血"能力较弱。此外，西部地区地方政府普遍在区域经济发展中起着主导作用，地方经济形成对地方政府投入的依赖，2014 年，西部 12 省份地方政府财政支出占 GDP 的比重为 28.09%，2015 年上升为 29.95%[①]，大大高于东部地区，这不仅加重了政府财政负担，而且不利于市场环境的优化和经济活力的激发。

第二节　西部地区产业联动发展条件分析与潜力测度

一　西部地区产业联动发展的基础条件分析

西部地区产业联动发展的有利条件较多，但也有部分不利因素。

（一）西部地区产业联动发展的有利条件

1. 地缘区位的接近性与文化基础的相似性是联动发展的天然基础。

根据距离衰减规律，空间距离对区域间经济合作与联动发展具有重要的影响。西部 12 省份在地理上连成一体，相邻省份在自然条件、资源禀赋、地形地貌、气候等方面具有较为相似的地理环境，地缘区位的接近性有利于资金、劳动力等要素的流动和信息的传播，为跨区域生产要素流动和经济合作与交流提供了天然的便利，降低了要素流动成本。因此，西部地区产业联动发展具有良好的地缘基础。

西部 12 省份之间不仅具有区位上的接近性，而且很多省份文化同源，语言相通，民俗相似，基本价值观接近，跨域经济、文化交流具有悠久的历史。相似的区域文化和价值观有助于经济和社会交流中的沟通与理解，认同度高，人缘相亲，易于建立信任与合作关系，从而为西部地区开展区域经济合作和产业联动发展奠定了扎实的文化基础。

2. 经济发展水平梯度分布，使区域产业联动发展具有内在需求。

区域间进行产业合作、联动发展的一个重要的前提是区域经济发展水平达到一定的阶段并且具有一定差异。西部大开发以来，西部地区的整体经济发展水平有了较大程度的提高，各省份的地区经济发展总量规

---

① 数据来源：根据 2015 年和 2016 年《中国统计年鉴》数据计算得出。

模呈现出梯度差异。2015年，西部12省份中地区生产总值位于西部地区平均水平之上的有6个，分别是：四川、陕西、内蒙古、广西、重庆和云南，这前6个省份的地区生产总值之和为112046.03亿元，占西部地区经济总量的77.26%，而贵州、新疆、甘肃、宁夏、青海、西藏的地区生产总值位于西部地区的后六位，都处于西部平均水平以下，这六个省（区）的经济总量之和为32972.89亿元，仅占西部地区经济总量的22.74%。

经济发展水平呈梯度是区域间产业互补和产业合作的前提条件，有利于区域产业联动发展。经济发展水平高、经济总量较大的地区，经济势能高，对生产要素的吸引力大，容易形成区域经济发展中心，在区域分工中处于主导地位，往往处于产业链和价值链的中高端，具有带动和辐射作用。而经济发展水平较低、经济总量较小的地区，经济势能低，在区域分工中往往处于产业链和价值链的中低端，形成互补。2015年西部地区国内生产总值梯度分布情况如表3-4所示。

表3-4　　　　西部地区2015年地区生产总值梯度分布情况　　　　单位：亿元

30000以上	四川
10000—20000	陕西、内蒙古、广西、重庆、云南、贵州
5000—10000	新疆、甘肃
2000—3000	宁夏、青海
1000—2000	西藏

资料来源：2016年《中国统计年鉴》。

四川省是西部地区经济总量最大的省，2015年地区生产总值为30053.1亿元。陕西、内蒙古、广西、重庆、云南和贵州的经济总量在西部地区处于中等偏上水平。而新疆、甘肃、宁夏、青海处于落后水平，西藏处于西部地区经济发展水平最低的梯度，2015年地区生产总值为1026.30亿元，仅为四川省的3.4%。不难看出，西部地区经济发展水平有一定梯度，为联动发展创造了客观条件，其中，四川、陕西等省份在西部地区处于相对高的经济势能，有成为西部经济中心的潜力，并对西部其他地区起到带动作用；而新疆、甘肃等省份则处于较低的经济势能，需要通过参与区域分工并与其他地区的协同联动促进经济发展。

3. 快速发展的交通基础设施为产业联动发展创造了条件。

通达的交通基础设施是要素流动和区域联系的重要支撑，可以缩短区域间要素流动时间，提高物资和资金周转速度，降低成本，也有利于改善投资环境，因此，交通基础设施对区域经济合作与交流具有重要影响。自西部大开发政策实施以来，国家非常重视加强西部地区基础设施建设，实施了数百项重点工程，西部地区基础设施取得巨大的进展。从2000年年底到2015年年底，西部地区铁路营业里程总长度从22109千米增加到48065千米，占全国铁路营业里程总长度的比例从37.69%提高到39.7%；内河航道里程从21876千米增加到33681千米，占全国的比例从18.77%提高到26.5%；公路里程从553874千米增加到4577296千米，占全国的比例从39.5%提高到40.36%，其中高速公路里程从3677千米增加到44142千米，占全国的比例从22.5%提高到35.7%[①]，增长最快。快速发展的交通基础设施改善了西部地区的通达性和投资环境，为跨区域经济联系与合作构筑了良好的基础条件。

4. 不断深入的区域经济合作奠定了产业联动发展的基础。

西部省份之间历来有不同层面的区域经济合作实践，并取得了一定的成效。1984年成立的"西南六省市七方经济协调会"是我国改革开放以来区域性经济合作组织中起步最早、合作时间最长的省际经济合作组织之一。成渝、广西北部湾和关中天水三大经济区是西部地区进行经济合作比较成熟的经济区。其中，成渝经济区以成都、重庆为中心，包含成渝地区14个市，是全国统筹城乡发展示范区；广西北部湾经济区由南宁、北海、钦州、防城港、玉林、崇左所辖行政区域组成，是西部地区唯一的水路和陆路出海通道和我国面向东盟国家对外开放的重要门户；关中天水经济区地处欧亚大陆桥经济带，是我国西部通往中、东部地区的重要交通枢纽。这些区域经济合作率先发展，起到了一定的示范效用。西部经济合作的重点区域还有：呼包银榆经济区、兰西格地区、天山北坡地区、滇中地区、黔中地区、宁夏沿黄地区、藏中南地区、陕甘宁革命老区。2011年，内蒙古、陕西、甘肃、宁夏四省联合共同建设能源"金三角"。《蒙陕甘宁能源"金三角"综合开发指导意见》提

---

① 数据来源：根据2011年和2016年《中国统计年鉴》数据计算得出。

出，希望通过10年努力，把"金三角"地区建设成为我国重要的能源综合生产供应基地。此外，西部地区还积极融入"一带一路"倡议，加快西部对内对外开放与合作。比如，广西正加快北部湾经济区和珠江—西江经济带的合作与开放，以互联互通的交通基础设施带动资源开发、工业、旅游、文化交流等方面的合作，打造成"一带一路"有机衔接的重要门户。总的来看，西部地区的经济合作正在逐步深入，为西部地区的经济联动发展奠定了良好的基础。

5. 产业的关联性和互补性提供了产业联动的可能性。

产业关联与互补对区域经济联动程度和效果有重要影响。区域间相关产品、技术、投资等关联性越大、互补性越强，则区域联动发展的可能性越大。西部各省份在生产要素、产业结构和产业发展水平上的差异性、关联性和互补性，为区域产业联动提供了必要条件。例如，四川、陕西、重庆是西部地区高校、高科技公司和技术密集型公司聚集最多的三个省份，在科技创新方面具有优势，尤其是四川，拥有各类科研开发机构数百家，全球500强企业已经有超过200家在四川落户。而西部地区科技水平相对落后的新疆、甘肃、广西、内蒙古等省（区）则矿产资源丰富。因此，西部省份完全可以利用自己的优势与其他省份通过产业上的关联性和互补性进行合作联动发展，从而产生协同效应。四川、陕西、重庆可以利用自身的科技和人才优势，发展资源加工型产业，提高产品附加值，增强产品的竞争力，用科技实力来推动产业联动发展的技术创新。四川、重庆的装备制造业可以为西部其他省份的石化、冶金等产业提供生产所需要的机械设备。新疆、甘肃等省份石化产业是资金和技术密集型的产业，而四川、重庆、陕西等地经济发达、科技条件和人才储备较好，西北各省可以充分利用这三个地区的资金、技术和人才优势。同时，重庆、成都、西安的汽车制造业在西部地区中是比较突出的，汽车制造业是一个产业链条长、关联度很高的行业，这三个省（市）可以带动周边省市与汽车制造相配套的化工、零部件生产、物流等上下游产业的发展。矿产资源产业产品和原料的制造业形成互补。西部地区的石油天然气能源产业是全国内陆最大的石油天然气后备资源基地，尤其是新疆、青海、陕西、四川等地的石油天然气资源储量丰富，不仅能为东中部地区发展提供急需的原油气，还可以就近为西部其他省份提供能源基础；而且以石油、天然气为原料的化学工业也是这几个省份的优势产业，可以为其他省份提供相关的化工原材料。总之，西部地区产业的互补性和关联性使各省份之间具有进行产业合作的条件和可能，可以根据比较优势参与产业合理分工与合作，实现产业联动发展，产生合力。区域经济合作，产业联动发展，会使西部地区发展潜力更大。

（二）西部地区产业联动发展的不利条件

1. 区域分工模糊、产业同构制约区域联动发展。

西部地区能源矿产资源丰富，要素禀赋相似，多数省份以能源化工、矿产及冶金工业为主；由于历史原因，西部曾是"三线"建设地区，大量的能源、原材料工业、装备制造业布局在西部。此外，地方政府为达到政绩考核目标，竞相提出各种优惠条件和政策引进短期收益高、回报快的产业，导致某些产业出现"潮涌现象"。西部大开发以来，西部一些省份都将钢铁产业、加工制造业、房地产业、金融业等产业作为扶持对象，使西部地区产业同构现象更加突出。表3-5列出了西部地区各省份工业支柱产业，不难看出，能源、化工、矿产工业、食品加工业是西部地区绝大部分省份的工业支柱产业，装备制造业和医药产业是半数以上省份的工业支柱产业。产业同构降低了资源配置效率，不利于西部地区规模经济效应的产生和区域专业化的形成，各省产业分工不明确，利益冲突时有发生，容易导致区域之间在招商引资方面的过度竞争，阻碍区域间产业的协调发展与资源的合理配置，一定程度上制约了区域联动发展。虽然产业同构会对区域联动产生消极影响，但是产业同构也会迫使企业在市场压力下不断改进技术，推动有条件的企业转型升级，最终推动产业结构向高级化和合理化方向发展。

表3-5 西部地区各省份工业支柱产业

地区	工业支柱产业
内蒙古	能源工业、冶金建材、化学工业、装备制造业、高新技术工业、农畜产品及工业
广西	有色金属、汽车产业、食品产业、石化产业、冶金产业、机械产业、电力产业
重庆	汽车制造业、装备制造业、电子制造业、化工医药产业、材料产业、能源工业、消费品行业

续表

地区	工业支柱产业
四川	电子及通信设备制造业、装备制造业、医药化工业、机械冶金业、水力发电业、食品饮料产业
贵州	能源产业、药业、酒业、烟草制品业
云南	能源产业、烟草制品业、生物产业、矿产业、电力产业
西藏	清洁能源业、农畜产品加工业、藏医药业、矿产业
陕西	电子设备制造业、能源化工工业、装备制造业、医药制造业、食品工业、纺织服装工业、非金属矿物制品业、有色冶金工业
甘肃	石油化工产业、有色冶金产业、装备制造产业、能源和新能源产业、特色农产品深加工产业、新能源新材料产业、生物医药产业
青海	能源工业、矿产及冶金和化工工业、畜产品、野生动植物、农副土特产加工工业
宁夏	石化工业、冶金工业、机械工业、建筑建材工业、医药工业、农副产品加工产业
新疆	能源化工产业、矿产资源产业、装备制造业

2. 产业链偏"重"偏"短",不利于深层次的产业联动。

西部地区的传统比较优势是能源矿产资源,产业主要是基于资源禀赋优势而发展出了最初的资源开采加工型工业产业,虽然近年来逐步发展出新能源、新材料及高新技术产业,但总体上来说,仍然是重工业偏多,轻工业偏少;从产业链环来看,西部地区多数是处于提供原材料和零部件制造和生产的上游产业链环节,主要依赖自然资源的大量开采和开发,科技含量不高,附加值低,现有的技术改造进程慢,加工深度和资源综合利用程度低,产业链条短,深加工工业产值所占比重低。产业链短使产业链上各主体协同效应差,上、下游产业及支撑产业缺少相互关联互补,不利于形成真正的专业化分工和协同关系,缺乏产业合作的创新动力,难以形成核心竞争力。西部地区总体上仍然处于全球产业链的中低端环节,导致了西部地区产业联动程度不高,不利于深层次的联动发展。

3. 区域联动发展机制的缺失不利于产业联动的开展。

目前来说,西部地区联动发展的障碍客观存在,其中没有建立起有效联动的机制是较大的一个障碍因素。首先,西部地区欠缺联动的动力机制和激励机制。合作双赢和利益共享是区域经济联动的内在激励,完善的动力机制和激励机制是促进西部地区联动发展的原动力。在利益驱动不足的情况下,依靠单一的行政手段来推动西部地区经济联动发展效果不大。尽管西部地区成立了西部开发办公室,但是受区域内各省份的行政分割、地方利益的制约,很难将各个省份的发展联动起来。当前,如何消除地方政府的种种顾虑,激发地方政府的联动意识与合作动机,建立地方政府间有效合作的动力机制和激励机制,是推进西部区域经济联动发展的首要任务。其次,规则与制度约束机制不健全。西部地区产业联动发展需要相应的合作规则与制度进行保障,当前缺乏在平等自愿、协商一致、互惠共赢原则基础上建立起来的区域联动合作内部约束机制。没有规则与制度约束的引导,现有的合作也是偏于务虚,并不能够扭转各自为政的局面,而且容易滋生恶性竞争、地方保护主义等现象。即使制定了积极有效的有助于促进联动合作的相关政策,也很难得到完整贯彻和落实,没有规则和制度的监督和约束,合作意愿与联动发展政策都只会流于其表,有名无实。最后,利益协调与补偿机制不完善。在产业联动发展中,资源共享、优势互补需要有效的利益协调和补偿机制才能得到实现。西部广袤的区域内,由于资源、市场、信息的分割,地方保护主义等情况依旧存在,导致西部地区区域经济的整体性不强。在西部地区各省份产业联动发展的过程中,由于市场主体的不同,必然会导致多元化的利益冲突。由于缺乏有效的利益协调和补偿机制,地方政府间的利益冲突和利益矛盾普遍存在,将严重地削弱区域产业联动发展效应。

二 西部地区产业联动发展潜力测度

前文分析了西部地区的经济和产业现状以及区域产业联动发展的有利和不利因素,接下来将测度西部地区产业联动发展的潜力,判断西部省份之间产业联动发展的可能性,从而为构建西部地区产业联动发展机制提供基础和支撑。

(一) 产业联动发展潜力测度模型

目前关于区域产业联动水平定量测度的研究并不多,测度方法主要有两大类,第一类是用城市流模型测度城市群之间的联系,如陈群元、宋玉祥（2011）[①]，张协奎、周鹏峰（2012）[②]，李慧玲、戴宏伟（2016）[③] 等利用城市流强度理论模型对长株潭城市群、广西北部湾城市群、京津冀与长三角城市群进行了城市流强度值测算，因此分析城市群之间的联系；第二类是纳入影响区域经济联系的主要因素建立模型测度区域联动的程度。例如，沈正平、简晓彬、施同兵（2007）认为，产业联动的直接驱动力源于区域产业结构差异，因而可以借助区域产业结构差异来大体测度区域间的产业联动程度，他们通过建立模型测度区域间产业联系潜力来代表产业联系程度[④]；李国平、王立明、杨开忠（2001）把经济联系量作为衡量区域间经济联系强度大小的指标[⑤]。刘钊、李琳（2011）则用影响产业联动网络的有关指标建立模型测度环渤海地区产业联动发展水平[⑥]。沈正平、李国平、刘钊等对产业联动水平的测度，实际上是对区域产业联动潜力的测度。因此，本书主要借鉴他们的研究思路，用影响区域产业联动水平的最主要的因素建立测度西部地区产业联动潜力的模型，并根据数据的可得性和与实际情况的贴近性对相关指标进行修正，使其尽可能地反映西部地区产业联动的真实潜力。

区域产业联动是建立在区域产业分工基础上的产业跨区域联合互动，因此，选取地区间专业化分工程度、区域市场化一体程度、物流距离这三个指标分别反映区域间产业驱动力因素、市场环境因素和空间因素对区域产业联动潜力的影响，然后建立模型，测度西部产业联动潜力。

[①] 陈群元、宋玉祥：《基于城市流视角的环长株潭城市群空间联系分析》，《经济地理》2011年第11期。

[②] 张协奎、周鹏峰：《基于城市流强度的广西北部湾城市群协调发展研究》，《广西财经学院学报》2012年第3期。

[③] 李慧玲、戴宏伟：《京津冀与长三角城市群联系动态变化对比——基于城市流强度的视角》，《经济与管理》2016年第3期。

[④] 沈正平、简晓彬、施同兵：《产业地域联动的测度方法及其应用探讨》，《经济地理》2007年第6期。

[⑤] 李国平、王立明、杨开忠：《深圳与珠江三角洲区域经济联系的测度及分析》，《经济地理》2001年第1期。

[⑥] 刘钊、李琳：《基于Malmquist指数的产业联动促进区域经济协调发展效率评价研究——以环渤海为例》，《河北大学学报》（哲学社会科学版）2011年第3期。

1. 地区间专业化分工程度的测度。

当前，研究地区专业分工的测度方法主要有克鲁格曼专业化指数、泰尔指数、β指数即区位商以及中国学者樊福卓（2007）构建的地区专业化系数[①]。由于我们主要研究两个地区间的产业联动，因此，选用克鲁格曼专业化指数来反映西部某两个区域间的相对专业化程度。从产业联系的角度来看，区域间的专业化分工是区域产业联动的主要驱动力。区域间的专业化指数直接反映了两个地区之间产业结构差异的程度，两个地区之间的产业分工越明确，则产业结构差异越明显，两地区的产业联动发展潜力会越大。

$$K_{ij} = \sum_{k} \left| \frac{E_{ik}}{\sum_{k} E_{ik}} - \frac{E_{jk}}{\sum_{k} E_{jk}} \right| \quad (3-1)$$

其中，i、j、k分别表示的是地区i、地区j和行业k。K_{ij}表示的是地区间专业化指数，取值范围为0—2，数值越大表示两个地区的产业分工越好，则产业结构差异越大，互补性越强，地区间的产业联动的潜力也越大；反之，数值越低，则产业结构差异越小，地区间的产业联动的潜力也越小。K_{ik}、K_{jk}分别表示的是i、j地区行业k的工业总产值。

2. 区域市场一体化程度的测度。

市场一体化的程度代表了要素流动的情况，市场化程度越高，要素市场流动也越好，越有利于产业联动发展。当前，研究区域市场一体化程度的定量研究方法主要有生产法、价格法、贸易法、生产周期法和调查问卷法等。本书则采用价格法来衡量区域间市场一体化程度，因为价格反映了市场交易活动的环境、制度等所有信息。采用这个方法的理论基础是"一价定律"和Samuelson在1954年提出的"冰川"成本模型。"冰川"成本模型对"一价定律"进行了修正，该模型认为，两个地区的价格最终不可能绝对相等，而是存在一定的波动区间，只要两地区的相对价格处于一定的区间，则可以认为两个地区之间的市场是有机整合的。价格指数是反映一定时期内商品价格水平变动情况的统计指标，它是一个相对数，而"价格水平"是一个绝对数，价格指数综合反映了商品价格变动对一个地区商品价格总水平的影响。所以本书选择零售价

[①] 吴安波：《中国制造业区域专业化程度的测度、特征及变动趋势》，《数量经济技术经济研究》2009年第5期。

格指数之比来反映两地区之间的市场化程度。

$$\lambda_{ij} = \frac{PI_i}{PI_j} \quad (3-2)$$

其中，λ_{ij} 表示地区 i、j 的区域市场一体化水平，PI_i 表示零售价格指数较小的地区的零售价格指数，PI_j 表示零售价格指数较大的地区的零售价格指数，λ_{ij} 越接近于 1 表明两地市场一体化程度越高，产业联动潜力越大。

3. 物流距离的测度。

两地之间的物流距离是度量两地进行经济交往和经济联系的方便程度指标。物流距离越短说明两地间的经济交往可能越紧密，产业联动潜力越大，反之则产业联动潜力越小。由于公路运输是西部各省之间物流的主要方式，公路货运量约占整体货运量的75%，所以，物流距离采用地区间的公路里程数，反映两地区之间联系的方便程度。为了便于与其他指标间的比较，我们将物流距离的数据做了归一化处理。

4. 西部地区产业联动潜力测度模型。

基于以上分析，西部地区产业联动潜力测度模型设定为：

$$L_{ij} = \frac{\lambda_{ij} K_{ij}}{D_{ij}} \quad (3-3)$$

其中，L_{ij} 表示地区 i、j 之间的产业联动潜力；λ_{ij} 表示地区 i、j 的区域市场一体化水平；K_{ij} 表示地区间专业化指数；D_{ij} 表示地区 i、j 之间的物流距离。

(二) 数据来源与结果分析

根据数据的可得性和可比性原则，各省份的工业细分行业生产总值数据来自 2016 年《中国工业统计年鉴》，价格指数来自 2016 年《中国统计年鉴》，各地之间的物流距离数据来自百度地图。需要说明的是，因为西藏自治区数据缺失较多，所以没有测算西藏与其他省份的联动潜力。我们测算出每两个省份之间共 55 组联动潜力的数据如表 3-6 所示。

表 3-6　　　　　西部地区产业联动潜力测算结果

地区	内蒙古	广西	重庆	四川	贵州	云南	陕西	甘肃	青海	宁夏	新疆
内蒙古	—										

续表

地区	内蒙古	广西	重庆	四川	贵州	云南	陕西	甘肃	青海	宁夏	新疆
广西	0.31	—									
重庆	0.69	0.73	—								
四川	0.47	0.43	2.00	—							
贵州	0.29	1.26	2.58	0.94	—						
云南	0.26	1.07	1.30	0.96	1.37	—					
陕西	0.61	0.38	1.10	0.81	0.57	0.50	—				
甘肃	0.60	0.40	1.04	0.96	0.59	0.36	1.04	—			
青海	0.59	0.43	0.93	0.83	0.46	0.33	1.00	2.57	—		
宁夏	0.71	0.44	0.87	0.78	0.43	0.33	1.02	1.54	1.27	—	
新疆	0.28	0.24	0.39	0.32	0.29	0.19	0.26	0.28	0.38	0.28	—

从表3-6可以看出西部十一个省份之间产业联动潜力的相对大小。产业联动潜力排前十位的依次是：重庆—贵州（2.58）、甘肃—青海（2.57）、四川—重庆（2.00）、甘肃—宁夏（1.54）、贵州—云南（1.37）、重庆—云南（1.30）、宁夏—青海（1.27）、贵州—广西（1.26）、陕西—重庆（1.10）、云南—广西（1.07）。测算结果显示，重庆与贵州之间产业联动潜力最大，这一方面与重庆、贵州地理位置相邻，山水相连，习俗、语言、文化相近、经济相依有关，更与重庆与贵州经济发展梯度适宜、政府高度重视并推进重庆与贵州之间的合作有关。例如，"十二五"期间，重庆市与贵州省签署多项战略合作协议，引导并实质性推动重庆企业对贵州能源、IT和信息产业以及交通、水利等基础设施投资；笔电产业和汽摩产业是重庆的优势产业，为进一步降低成本，在贵州建设笔电配套基地和汽车、摩托车零部件生产基地为重庆提供配套；在遵义建设"渝黔工业园区"，贵州遵义市桐梓县提出"融入重庆"并努力把桐梓·重庆工业园建成黔渝合作的示范性园区。综上所述，重庆与贵州之间确实有很大的产业联动潜力。产业联动潜力排后十位依次是：新疆—四川（0.32）、广西—内蒙古（0.31）、新疆—贵州（0.29）、新疆—宁夏（0.28）、新疆—内蒙古（0.28）、新疆—甘肃（0.28）、新疆—陕西（0.26）、内蒙古—云南（0.26）、新疆—广西（0.24）、新疆—云南（0.19）。

为了进一步分析各省之间的产业联动潜力，根据表3-6整理出西部各省与其他省产业联动潜力排序，如表3-7所示。

表3-7　　　　　　　　　西部各省份产业联动潜力排序

地区	产业联动潜力排序（从大到小）
内蒙古	宁夏、重庆、陕西、甘肃、青海、四川、广西、贵州、新疆、云南
广西	贵州、云南、重庆、宁夏、四川、青海、甘肃、陕西、内蒙古、新疆
重庆	贵州、四川、云南、陕西、甘肃、青海、宁夏、广西、内蒙古、新疆
四川	重庆、贵州、甘肃、云南、青海、陕西、宁夏、内蒙古、广西、新疆
贵州	重庆、云南、广西、四川、甘肃、青海、陕西、宁夏、新疆、内蒙古
云南	贵州、重庆、广西、四川、陕西、甘肃、宁夏、青海、内蒙古、新疆
陕西	重庆、甘肃、宁夏、青海、四川、内蒙古、贵州、云南、广西、新疆
甘肃	青海、宁夏、重庆、陕西、四川、内蒙古、贵州、广西、云南、新疆
青海	甘肃、宁夏、陕西、重庆、四川、内蒙古、贵州、广西、云南、新疆
宁夏	甘肃、青海、陕西、重庆、四川、内蒙古、广西、贵州、云南、新疆
新疆	重庆、青海、四川、贵州、宁夏、内蒙古、甘肃、陕西、广西、云南

从表3-7容易看出，西北各省之间的产业联动潜力和西南各省份之间的产业联动潜力相对比较大，其原因是地缘相近、文化相似、经济发展有一定梯度，从而经济往来频繁，区域合作便利。分析发现，重庆与西部其他省（区）之间的产业联动潜力都相对较大，是与四川、贵州、陕西、新疆产业联动潜力最大的地区，是与内蒙古、云南产业联动潜力第二大的地区，是与广西、甘肃产业联动潜力第三大的地区，是与青海、宁夏联动产业潜力第四大的地区。而新疆与西部其他省份的联动潜力都不大，除了与内蒙古、贵州之间的产业联动潜力排在倒数第二位，与其他省份之间的产业联动潜力都排在最后一位，这可能与新疆经济发展水平落后、地理位置偏远等因素有关。

综上所述，西部地区特别是西南地区和西北地区有较好的产业联动基础和潜力，适合推进产业联动发展。

第四章

西部地区差异性分析与经济类型区甄别

对西部各省份差异性和互补性的分析是西部地区产业联动发展的起点和基础。因此，本章首先分析西部各省份自然资源、经济、产业、基础设施、科教水平等方面的差异性，然后设计产业发展水平综合评价指标体系，结合西部地区现有和潜在优势，使用因子分析与聚类分析甄别西部制造业、现代服务业和资源型产业发展水平类型区，为基于差异化设计西部地区产业联动机制和模式奠定基础。

第一节 西部地区差异性分析

影响区域联动发展的因素复杂多样，包括自然资源的禀赋特征、经济的发展水平、产业的关联互补程度、基础设施的通达性、科技教育的发展现状等。各因素间具有关联和差异性，在区域内形成一定空间梯度，为区域产业联动提供了可能。区域产业联动表现为区域产业在一定条件下和范围内的合作与竞争，要求区域产业具备基础与优势，同时满足差异性、互补性与空间梯度性。

一 西部地区自然资源差异性分析

自然资源是人类生产和发展的重要基础，也是进行物质资料生产的必要条件。西部地区地域辽阔，从整体上来看，矿产资源、土地资源、水资源等极为丰富，但各地区的自然资源禀赋却有一定的差异性。

（一）矿产资源储量差异性分析

西部地区矿产资源品种多、储量丰富，拥有丰富的能源、黑色金属、有色金属和非金属矿产资源，12个省份矿产资源各具优势。

陕西、新疆、内蒙古能源矿产尤为丰富，是中国重要的能源保障基地。内蒙古煤炭资源丰富，是世界最大的露天煤矿聚集地，中国五大露天煤矿中的四个在内蒙古，分别是霍林河、准格尔、伊敏和元宝山露天煤矿。截至 2015 年年底，内蒙古煤炭基础储量 493 亿吨，是西部煤炭储量最大的地区，占全国煤炭总储量的 20.2%，仅次于山西，居全国第二位，内蒙古的煤炭不仅储量大、煤种全，而且埋藏浅、容易开发。内蒙古石油和天然气储量也很丰富，分别为 8209 万吨和 8149 亿立方米，均居西部第三。陕西能源资源储量也很丰富，优质石油、煤矿、天然气主要分布在陕北及渭北，石油基础储量 38445 万吨，居全国第三位，西部第二位；天然气 7587 亿立方米，居西部第四位；煤炭 127 亿吨，居西部第三位。新疆能源资源储量大，开采潜力很大，但地质勘查程度较低。石油基础储量 60113 万吨，远远高于其他地区，居全国第一位；天然气 10202 亿立方米，略低于四川而排在全国第二位；煤炭资源 159 亿吨，排西部第二位。四川天然气资源丰富，基础储量 12655 亿立方米，排全国第一位。

广西、四川、西藏的黑色金属矿产储量较为丰富。广西锰矿基础储量 14020 万吨，占全国的 50.74%，居全国第一位；四川钒矿基础储量 554 万吨，占全国的 62.4%，居全国第一位；占世界总储量的 1/3，储量居世界第一位；原生钛铁矿 19157 万吨，占全国的 89.4%，是世界上原生钛铁矿储量最大的地区。西藏的铬基础储量 169 万吨，排全国第一位，西藏的铬矿不仅储量大，而且质量好。内蒙古、甘肃、贵州、云南、重庆的部分黑色金属矿产较为丰富。其中，内蒙古铁矿储量排全国第二位，铬矿排全国第三位；甘肃铬矿储量排全国第二位，钒矿排全国第三位；贵州和重庆的锰矿储量分别排全国第二位和第三位；云南铁矿储量排全国第三位，锰矿排全国第四位。

表 4-1　西部地区 8 种主要能源、黑色金属矿产基础储量

地区	石油（万吨）	天然气（亿立方米）	煤炭（亿吨）	铁矿（亿吨）	锰矿（万吨）	铬矿（万吨）	钒矿（万吨）	原生钛铁矿（万吨）
内蒙古	8209	8149	493	25	568	56	—	—
广西	129	1	1	0	14020	—	172	—
重庆	267	2642	18	0	1415	—	—	—

续表

地区	石油（万吨）	天然气（亿立方米）	煤炭（亿吨）	铁矿（亿吨）	锰矿（万吨）	铬矿（万吨）	钒矿（万吨）	原生钛铁矿（万吨）
四川	648	12655	54	26	132	—	554	19157
贵州	—	6	102	0	4841	—	—	—
云南	12	1	60	4	1197	—	0	3
西藏	—	—	0	0	—	169	—	—
陕西	38445	7587	127	4	288	—	7	—
甘肃	24110	272	33	3	259	141	90	—
青海	7956	1397	13	—	—	4	—	—
宁夏	2371	273	37	—	—	—	—	—
新疆	60113	10202	159	8	562	45	0	45

资料来源：2016年《中国统计年鉴》。

内蒙古、广西、四川、云南的有色金属资源优势突出。内蒙古铜矿基础储量421万吨，铅矿593万吨，锌矿1249万吨，居西部第一位；硫铁矿12428万吨，西部第二位。广西有色金属极为丰富，锢矿储量雄居世界第一位；铝土矿48722万吨，占全国储量的48.8%，排全国第一位。四川有色金属矿产分布相对集中，主要分布在川西南地区。硫铁矿基础储量38053万吨，占全国储量的29%，居西部第一位；菱镁矿居西部第一位。云南有色金属储量也很丰富，锌矿基础储量928万吨，铜矿297万吨，铅矿222万吨，均位列西部第二位；铝土矿、硫铁矿分别居西部第四位。另外，重庆铝土矿基础储量6409万吨，排西部第三位。西藏铜矿基础储量274万吨，排西部第三位。

贵州磷矿等优势明显，磷矿石品位高，磷矿基础储量67000万吨，是全国磷矿储量最高的地区。云南非金属矿储量也颇为丰富，基础储量63000万吨，排西部第二位；广西高岭土矿基础储量31926万吨，占全国的55.6%，位列全国第一位。内蒙古是世界上稀土资源储量最丰富的地区，其高岭土矿储量也较高，排西部第二位。

表4-2　　西部地区8种主要有色金属、非金属矿产基础储量　　单位：万吨

地区	铜矿	铅矿	锌矿	铝土矿	菱镁矿	硫铁矿	磷矿	高岭土
内蒙古	421	593	1249	—	—	12428	1000	4587

续表

地区	铜矿	铅矿	锌矿	铝土矿	菱镁矿	硫铁矿	磷矿	高岭土
广西	3.2	34	106	48722	—	6025	—	31926
重庆	—	2.5	8.8	6409	—	1453	—	0
四川	52	101	230	55	187	38053	48000	56
贵州	0.2	12	108	13190	—	5894	67000	15
云南	297	222	928	1397	—	4879	63000	311
西藏	274	93	43	—	—	—	—	—
陕西	20	37	97	0.9	—	108	1000	81
甘肃	139	83	317	—	—	1	—	—
青海	21	48	105	—	50	50	6000	—
宁夏	—	—	—	—	—	—	—	—
新疆	227	103	188	—	—	3775	—	7.8

资料来源：2016年《中国统计年鉴》。

(二) 水资源禀赋差异分析

西部水资源总量14552.9亿立方米，占全国总量的52%；地表水资源14312.3亿立方米，占全国总量的53.2%；地下水资源4132.8亿立方米，占全国的53%，人均水资源4197.68立方米，是全国平均水平的两倍。西部地区水资源总量和人均水资源量丰富，但水资源分布极不平衡，南多北少。西南地区水资源总量9555.3亿立方米，占西部的65.7%；地表水9554.2亿立方米，占西部的66.7%；地下水2380亿立方米，占西部的57.6%。

西南地区降水量充沛，各地区水资源丰富。其中，西藏、广西和四川水资源最丰富。西藏河流众多，2015年，水资源总量3853亿立方米，占西部水资源总量的26.5%；人均占有水资源量120121立方米，是西部人均水资源占有量的30倍；水能资源理论蕴藏量2亿多千瓦，技术可开发量1.16亿千瓦，占全国总量的30%左右，仅次于四川，排全国第二位。2015年，四川水资源总量2220.5亿立方米，占西部水资源总量的15.25%，技术可开发量1.20亿千瓦，排全国首位。广西水资源总量2433.6亿立方米，占西部水资源总量的16.7%，位列西部第二；

水能资源理论蕴藏量2133.00万千瓦，技术可开发容量1751.00万千瓦。广西是西部唯一临海地区，北部湾天然海港众多。重庆水系丰富，流经的重要河流有长江、嘉陵江等，其中长江贯穿全境，水能资源理论蕴藏量2296.43万千瓦，技术可开发量980.84万千瓦。贵州境内水资源和水能资源也较为丰富。

西北地区则水资源匮乏，除青海外，西北各省（区）人均水资源严重不足，宁夏水资源总量9.2亿立方米，人均水资源量138.4立方米，是全国水资源最贫乏的省（区）。

表4-3　　　　　　　　　　西部地区水资源情况

地区	水资源总量（亿立方米）	地表水资源量（亿立方米）	地下水资源量（亿立方米）	人均水资源量（立方米/人）
内蒙古	537	402.1	224.6	2141.2
广西	2433.6	2432.2	467.3	5096.5
重庆	456.2	456.2	103.3	1518.7
四川	2220.5	2219.4	584	2717.2
贵州	1153.7	1153.7	282.2	3278.7
云南	1871.9	1871.9	607.5	3959.3
西藏	3853	3853	803	120121
陕西	333.4	309.2	120.6	881.1
甘肃	164.8	157.3	100.9	635
青海	589.3	570.1	273.6	10057.6
宁夏	9.2	7.1	20.9	138.4
新疆	930.3	880.1	544.9	3994.2

资料来源：2016年《中国统计年鉴》。

（三）土地资源禀赋差异分析

西部地区土地资源丰富，土地总面积占全国土地调查总面积的约70%。其中，农用地42442.2万公顷，建设用地1127.47万公顷，未利用土地23976.63万公顷，分别占土地面积的62.83%、1.67%、35.5%。从土地面积总量上来看，新疆、西藏、内蒙古土地面积分别为

16649.00万公顷、12020.70万公顷、11451.20万公顷，占西部总面积的24.65%、17.80%、16.95%，居西部前三。

表4-4　　　　　　　　　西部地区土地资源

地区	土地调查面积（万公顷）	农用地（万公顷）	建设用地（万公顷）	未利用地（万公顷）	土地利用率（%）
内蒙古	11451.2	8289.73	162.19	2999.28	73.81
广西	2375.6	1955.7	121.77	298.13	87.45
重庆	822.7	708.04	65.98	48.68	94.08
四川	4840.6	4218.06	180.9	441.64	90.88
贵州	1761.5	1475.91	68.12	217.47	87.65
云南	3831.9	3294.4	106.52	430.98	88.75
西藏	12020.7	8724.01	14.5	3282.19	72.70
陕西	2057.9	1861.31	94.14	102.45	95.02
甘肃	4040.9	1854.95	89.57	2096.38	48.12
青海	7174.8	4510.15	34.38	2630.27	63.34
宁夏	519.5	380.99	31.37	107.14	79.38
新疆	16649	5168.95	158.03	11322.02	32.00

资料来源：2016年《中国统计年鉴》。

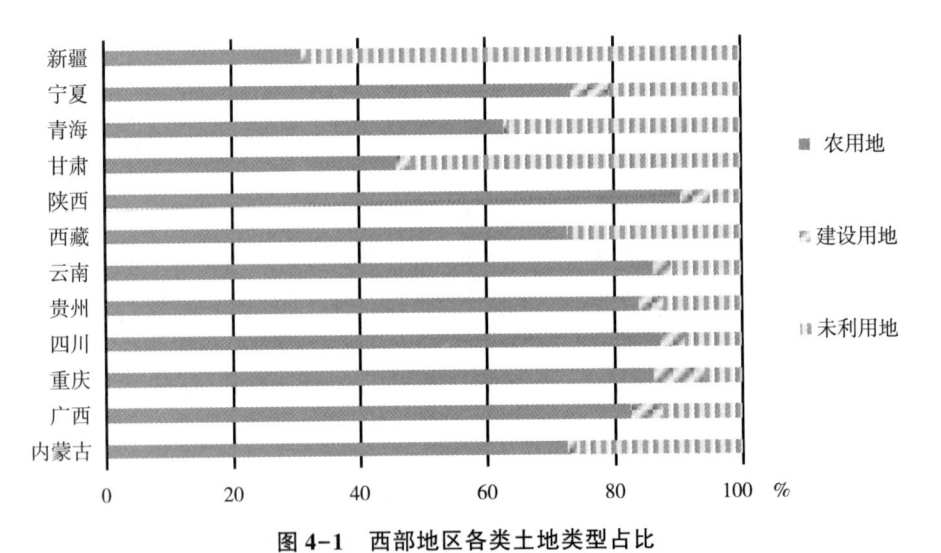

图4-1　西部地区各类土地类型占比

注：原始数据来源于2016年《中国统计年鉴》。

西部土地资源以农用地为主。内蒙古、西藏、新疆农用地面积分别为8289.73万公顷、8724.01万公顷、5168.95万公顷，居西部前三，占西部农用地总面积的52.3%。除新疆和甘肃以外的10个省份，农用地面积占省区土地面积都在60%以上，陕西、四川、重庆、云南、贵州、广西更是高达80%以上，分别为90.45%、87.14%、86.06%、85.97%、83.79%、82.32%。新疆农用地面积比例较小，仅占土地面积的31%。

西部建设用地面积较少，主要分布在四川、内蒙古、新疆三省（区），建设用地面积分别为180.9万公顷、160.19万公顷、158.03万公顷，占西部建设用地总面积的16.04%、14.21%、14.02%。各省市区建设用地面积均较少，不足省区土地面积的10%。重庆建设用地面积比例最高，占土地面积的8.01%，其次为广西、宁夏、陕西、四川、贵州、云南、甘肃、内蒙古。西藏、青海、新疆建设用地比例最小，均不足1%。

西部地区有近1/3的土地未被利用，土地可利用潜力较大。新疆未利用地最多，为11322.02万公顷，占西部未利用土地总面积的47.22%。其次为西藏、青海，未利用土地分别为3282.19万公顷、2630.27万公顷，占西部未利用土地总面积的13.69%、10.97%。

从土地利用情况来看，陕西、重庆、四川，土地利用率在90%以上，土地利用情况好。广西、贵州、云南、土地利用率高于80%，土地利用情况较好。甘肃和新疆土地利用率较低，分别为48.12%和32%。

二 西部地区经济差异性分析

西部地区由于历史、地理和社会条件的差异，经济差异性较大。

（一）地区生产总值差异分析

西部地区为经济欠发达地区，经济发展水平较落后。且经济水平与经济实力与东部发达地区相比仍然存在较大差距，经济总量较小。西部大开发以来，西部地区经济实力日益增强，经济持续快速增长，是全国经济增长最快的区域之一，经济总量占全国比重逐年提高。西部省域经济总量普遍提升，但各省市区经济发展差距仍然明显。静态来看，2015年，四川、陕西、内蒙古、广西、重庆、云南、贵州的地区生产总值超过万亿元，居西部前七。其中，四川省突破 30000 亿元，居西部之首。宁夏和青海地区生产总值只有 2000 多亿元，居西部第十和第十一位。西藏地区生产总值最低，只有 1026.39 亿元。动态来看，2000—2015 年，西部 12 省份地区生产总值平均增长率均在 10% 以上，高于全国平均水平。其中四川、重庆、陕西、贵州、广西增长最快，宁夏、青海和西藏增长较慢。

表 4-5　　　　2000—2015 年西部各省份生产总值　　　　单位：亿元

年份 地区	2000	2003	2006	2009	2012	2015
内蒙古	1401.01	2388.38	4944.25	9740.25	15880.58	17831.51
广西	2050.14	2821.11	4746.16	7759.16	13035.1	16803.12
重庆	1589.34	2555.72	3907.23	6530.01	11409.6	15717.27
四川	4010.25	5333.09	8690.24	14151.28	23872.8	30053.1
贵州	993.53	1426.34	2338.98	3912.68	6852.2	10502.56
云南	1955.09	2556.02	3998.14	6169.75	10309.47	13619.17
西藏	117.46	185.09	290.76	441.36	701.03	1026.39
陕西	1660.92	2587.72	4743.61	8169.8	14453.68	18021.86
甘肃	983.36	1399.83	2277.35	3478.07	5675.18	6790.32
青海	263.59	390.2	648.5	1081.27	1893.54	2417.05
宁夏	265.57	445.36	725.9	1353.31	2341.29	2911.77
新疆	1364.36	1886.35	3045.26	4277.05	7505.31	9324.8

资料来源：2000—2016 年《中国统计年鉴》。

(二) 人均地区生产总值差异分析

从表 4-6 可以看出，虽然西部地区人均地区生产总值水平都不高，但是各省份人均地区生产总值仍然差距明显。其中，内蒙古的人均地区生产总值一直排在西部地区第一位，2015 年为 71101 元，大大高于其他省份。重庆和陕西一直稳居第二位和第三位，2015 年分别为 52321 元和 47626 元。四川省虽然地区生产总值在西部最高，但是人口数量大，因此，人均地区生产总值在西部排名第七位，2015 年为 36775 元，约为内蒙古的一半。贵州和甘肃的人均地区生产总值历年来排在西部地区的最后两名。从2010年至2013年，贵州一直是西部地区人均地区生产总值最少的省，但近几年地区生产总值增长较快，2014年超过甘肃，排在倒数第二位，2015年超过云南，排在倒数第三位。甘肃2014年和2015年人均地区生产总值在西部排倒数第一位，2015年比2014年约有下降，为26165元，约为内蒙古的三分之一。总体来看，西部地区人均地区生产总值存在差异，呈现梯级分布，有利于区域联动发展。

表4-6　　　　2010—2015年西部地区人均地区生产总值　　　　单位：元

年份 地区	2010	2011	2012	2013	2014	2015
内蒙古	47347	57974	63886	67836	71046	71101
广西	20219	25326	27951	30741	33090	35190
重庆	27596	34500	38914	43223	47850	52321
四川	21182	26133	29608	32617	35128	36775
贵州	13119	16413	19710	23151	26437	29847
云南	19265	22195	25322	25322	27264	28806
西藏	17027	20077	22936	26326	29252	31999
陕西	27133	33464	38564	43117	46929	47626
甘肃	16172	19525	22075	24539	26433	26165
青海	24115	29522	33181	36875	39671	41252
宁夏	26860	33043	36394	39613	41834	43805
新疆	25034	30087	33796	37553	40648	40036

资料来源：2011—2016年《中国统计年鉴》。

（三）产业结构差异性分析

2015年，西部地区各省份三次产业增加值差异明显。四川三次产业增加值分别为3677.3亿元、13248.08亿元和13127.72亿元，远高于西部其他省份，居西部第一位。此外，广西、云南的第一产业，内蒙古、陕西的第二产业和第三产业增加值分别排在第二位和第三位，在西部地区具有一定优势。可以发现，四川省产业发展较为全面，发展势头强劲；基于资源优势，广西、云南第一产业发展优于其他省份；陕西、内蒙古非农产业极具优势。西藏三次产业的增加值远远低于其他地区，在西部地区都排在最后一位，经济发展落后。

表4-7　　　　　　　2015年西部地区三次产业增加值　　　　　单位：亿元

地区	第一产业增加值	第二产业增加值	第三产业增加值
内蒙古	1617.42	9000.58	7213.51
广西	2565.45	7717.52	6520.15
重庆	1150.15	7069.37	7497.75
四川	3677.3	13248.08	13127.72
贵州	1640.61	4147.83	4714.12
云南	2055.78	5416.12	6147.27
西藏	98.04	376.19	552.16
陕西	1597.63	9082.13	7342.1
甘肃	954.09	2494.77	3341.46
青海	208.93	1207.31	1000.81
宁夏	237.76	1379.6	1294.41
新疆	1559.08	3596.4	4169.32

资料来源：2016年《中国统计年鉴》。

随着经济的不断增长，产业结构会不断变化。以西部大开发为起点，2000年西部各省份产业结构发展具有一定差异性。除广西为"三、二、一"，西藏为"三、一、二"以外，西部其他省份均为"二、三、一"的产业结构。与2000年相比，2015年，各省份第一产业比重明显下降，其中，西藏、内蒙古、贵州、四川、广西、重庆的第一产业降幅较大。西部大部分省份的第二产业比重显著上升，内蒙古、陕西、西藏、广西的第二产业增长幅度较大；但是，云南和甘肃的第二产业比重相比2000年有所下降。第三产业比重除青海呈下降趋势以外，其他省份第三产业比重均有所上升。2015年，重庆、贵州、云南、西藏和甘肃均为"三、二、一"的产业结构，其余省份为"二、三、一"的产业结构。

表 4-8　2000 年、2005 年、2010 年、2015 年西部地区产业结构　　单位:%

地区	2000 年			2005 年			2010 年			2015 年		
	第一产业	第二产业	第三产业	第一产业	第二产业	第三产业	第一产业	第二产业	第三产业	第一产业	第二产业	第三产业
内蒙古	25	40	35	15	46	39	9	55	36	9	50	40
广西	26	36	37	22	37	41	18	47	35	15	46	39
重庆	18	41	41	15	41	44	9	55	36	7	45	48
四川	24	42	34	20	42	38	14	50	35	12	44	44
贵州	27	39	34	19	42	40	14	39	47	16	39	45
云南	22	43	35	19	41	39	15	45	40	15	40	45
西藏	31	23	46	19	25	56	14	32	54	10	37	54
陕西	17	44	39	12	50	38	10	54	36	9	50	41
甘肃	20	45	36	16	43	41	15	48	37	14	37	49
青海	15	43	42	12	49	39	10	55	35	9	50	41
宁夏	17	45	37	12	46	42	9	49	42	8	47	44
新疆	21	43	36	20	45	36	20	48	32	17	39	45

资料来源：2001 年、2006 年、2011 年、2016 年《中国统计年鉴》。

(四) 财政收支差异性分析

2014 年、2015 年，西部各地区财政一般预算收入和财政一般预算支出情况如表 4-9 所示。2015 年四川财政一般预算收入 3355.44 亿元，远远高于其他省份，占西部比重的 19.49%，居西部第一。重庆、陕西、内蒙古、云南、广西的财政一般预算收入均在 1500 亿元以上。从增长来看，贵州、新疆、广西、青海、云南一般预算收入增长较快。2015 年，四川一般财政预算支出 7497.51 亿元，占西部比重的 17.26%，居西部第一。重庆、陕西、内蒙古、云南、广西的一般财政预算支出均较高，排在西部前列。

表 4-9　2014 年、2015 年西部地区财政一般预算收入和一般预算支出

单位：亿元

地区	2014 年		2015 年	
	财政一般预算收入	财政一般预算支出	财政一般预算收入	财政一般预算支出
内蒙古	1843.67	3879.98	1964.48	4252.96
广西	1422.28	3479.79	1515.16	4065.51

续表

地区	2014年		2015年	
	财政一般预算收入	财政一般预算支出	财政一般预算收入	财政一般预算支出
重庆	1922.02	3304.39	2154.83	3792.00
四川	3061.07	6796.61	3355.44	7497.51
贵州	1366.67	3542.80	1503.38	3939.50
云南	1698.06	4437.98	1808.15	4712.83
西藏	124.27	1185.51	137.13	1381.46
陕西	1890.40	3962.50	2059.95	4376.06
甘肃	672.67	2541.49	743.86	2958.31
青海	251.68	1347.43	267.13	1515.16
宁夏	339.86	1000.45	373.45	1138.49
新疆	1282.34	3317.79	1330.85	3804.87

资料来源：2015年、2016年《中国统计年鉴》。

（五）外资外贸差异性分析

西部地区对外经济与贸易总体水平落后，但近年来增长加快。西部各省外资外贸发展有较大差异。2015年，西部12个省份中，重庆市的进出口贸易总额最高，为7446685万美元，占西部地区的25.6%。四川和广西的进出口总额分别排在西部第二位和第三位，分别为5118856万美元和5109055万美元。西藏对外贸易最不发达，进出口总额仅为91384万美元，占西部地区进出口总额的0.3%。重庆和四川实际利用外资额最高，分别为1076505万美元和1043681万美元，远远高于西部其他省份，占西部利用外资总额的56.2%。陕西实际利用外资虽然排在西部地区的第三位，但是仅有462100万美元，占西部利用外资总额的12.3%。除去西藏，利用外资最少的是青海，只有5500万美元，仅占西部利用外资总额的0.1%。总体来看，重庆和四川的经济外向度最高，西藏、青海、宁夏的经济外向度最低。

（六）居民收入差异性分析

西部地区城乡居民收入保持快速增长，但与其他地区相比仍存在较大差距，农村居民家庭人均纯收入与城镇居民人均可支配收入均不及全国平均水平。西部各省份农村居民人均纯收入低于城镇居民人均可支配收入，城乡收入差距较大。内蒙古、重庆和四川的农村居民人均可支配

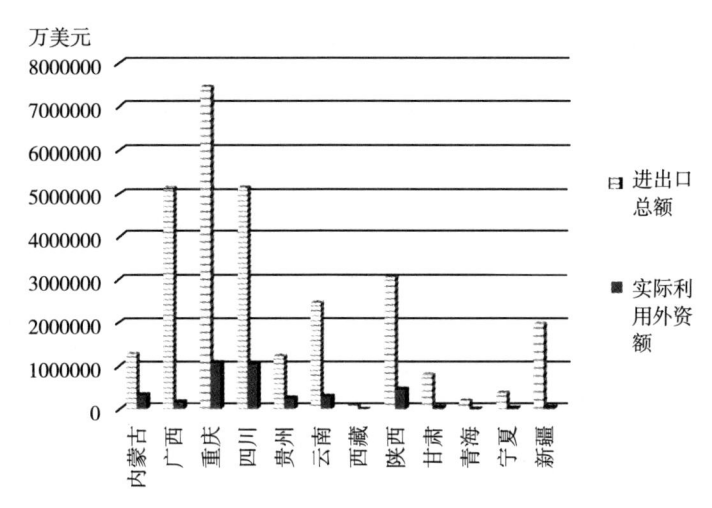

图 4-2 2015 年西部地区进出口总额和实际利用外资总额

资料来源：货物进出口总额数据来源于 2016 年《中国统计年鉴》，外商直接投资额数据来源于西部各省份 2016 年统计年鉴。

收入和城镇居民人均可支配收入分别排在西部地区前三位。值得一提的是，这三个省份 2015 年的农村居民人均可支配收入首次突破 10000 元，内蒙古城镇居民人均可支配收入 2015 年首次突破 30000 元。农村居民人均可支配收入和城镇居民人均可支配收入最少的是贵州和西藏，分别排在倒数第一位和第二位。从城乡收入差距来看，差距最大的是内蒙古，其次是陕西和西藏。

表 4-10　　　　2014 年、2015 年西部地区居民可支配收入　　　单位：元

地区	2014 年		2015 年	
	农村居民人均可支配收入	城镇居民人均可支配收入	农村居民人均可支配收入	城镇居民人均可支配收入
内蒙古	9976.30	28349.60	10775.90	30594.10
广西	8683.20	24669.00	9466.60	26415.90
重庆	9489.80	25147.20	10504.70	27238.80
四川	9347.70	24234.40	10247.40	26205.30
贵州	6671.20	22548.20	7386.90	24579.60
云南	7456.10	24299.00	8242.10	26373.20

续表

地区	2014年		2015年	
	农村居民人均可支配收入	城镇居民人均可支配收入	农村居民人均可支配收入	城镇居民人均可支配收入
西藏	7359.20	22015.80	8243.70	25456.60
陕西	7932.20	24365.80	8688.90	26420.20
甘肃	6276.60	21803.90	6936.20	23767.10
青海	7282.70	22306.60	7933.40	24542.30
宁夏	8410.00	23284.60	9118.70	25186.00
新疆	8723.80	23214.00	9425.10	26274.70

资料来源：2015年和2016年《中国统计年鉴》。

三 西部地区基础设施差异性分析

这里主要分析与西部地区经济发展和联动发展紧密相关的生产性基础设施。

（一）交通基础设施差异性分析

西部大开发以来，西部地区基础设施得到极大发展，西部国道主干线、青藏铁路等一批重大项目顺利完成，综合交通运输网骨架初步形成。2015年年底，除西藏、青海、宁夏以外，西部其他省份公路里程均在10万千米以上，四川的公路里程最长，为31万多千米，其次是云南，为23万多千米。宁夏的公里路程最短，只有3万多千米。西部地区高速千米里程在5000千米以上的是四川、贵州、内蒙古和陕西。西藏的高速公路里程最少。内蒙古境内2015年铁路里程达12094.2千米，居西部第一位。新疆、广西铁路里程在5000千米以上，分别为5867.6千米和5177.2千米。陕西和四川的铁路里程均约4500千米。西藏铁路里程最短，仅有786.3千米。四川内河航道10818千米，居西部第一位。广西、重庆、云南、贵州内河航道里程高于3000千米，分别为5707千米、4331千米、3939千米和3664千米。甘肃、青海、宁夏内河航道不足1000千米。总体来看，四川、内蒙古、陕西的交通基础设施相对较好，宁夏、青海的交通基础设施较差，西藏的交通基础设施最差。

表 4-11　　　　　　　2015 年西部各省份运输线路长度　　　　　　单位：千米

地区	铁路营业里程	内河航道里程	公路里程	高速公路里程
内蒙古	12094.2	2403	175374	5016
广西	5177.2	5707	117993	4288
重庆	1922.8	4331	140551	2525
四川	4442.2	10818	315582	6020
贵州	2810.1	3664	186407	5128
云南	2929.4	3939	236007	4006
西藏	786.3	—	78348	38
陕西	4549.2	1146	170069	5094
甘肃	3847.2	914	140052	3522
青海	2349.5	629	75593	2662
宁夏	1289.5	130	33240	1527
新疆	5867.6	—	178263	4316

资料来源：2016 年《中国统计年鉴》。

(二) 信息服务网络设施差异性分析

随着信息化发展的逐步深入，高效的信息服务能力成为区域发展的重要条件，以互联网、电信和邮政网络为主要载体的基础设施建设对经济发展显得尤为重要。

2015 年，四川互联网宽带接入端口 3117.9 万个，远高于西部其他地区，居西部之首，陕西和广西 1500 多万个，次于四川，居西部第二位、第三位。重庆、云南在 1000 万个以上，居第四位、第五位。西藏的互联网宽带接入端口最少，只有 51 万个，青海、宁夏也比较少，只有大约 200 万个。总体来看，西南地区互联网宽带基础设施比西北地区好。

2015 年光缆线路长度铺设情况，四川 1617009 千米，占西部总量的 22.9%，居西部第一位。云南和陕西有 70 多万千米，贵州、重庆、广西、新疆有 60 多万千米。青海、宁夏、西藏仅有 10 万多千米。四川固定长途电话交换机容量最大，其次是广西、云南和陕西。四川移动电话交换机容量 15691.3 万户，远远高于其他省份，居西部第一位。新疆、内蒙古分别为 6258 万户和 6257.3 万户，位居第二位、第三位。其次是云南、广西、陕西，移动电话交换机容量均在 5000 万户以上。宁夏、青海只有1000多万户，西藏只有448万户。可见，西部地区电信基础设施差距较大。

表4-12 西部地区电信及互联网基础设施

地区	互联网宽带接入端口（万个）	光缆线路长度（千米）	移动电话交换机容量（万户）	固定长途电话交换机容量（路端）
内蒙古	916	465966	6257.3	127944
广西	1530.9	652917	5181.1	287285
重庆	1349.4	654413	3887.6	65016
四川	3117.9	1617009	15691.3	373920
贵州	875.8	656959	4908	62810
云南	1151.1	795267	5894.4	199044
西藏	51	120440	448	12870
陕西	1539.3	708295	5105.5	199697
甘肃	820.5	481774	2997	72017
青海	208.1	146152	1308	92582
宁夏	200.8	115695	1224	61401
新疆	1023.8	631259	6258	27930

资料来源：2016年《中国统计年鉴》。

四 西部地区科教条件差异性分析

经济发展及经济转型升级需要掌握先进技术和优质的人力资本作为支撑，然而受制于资源依赖发展路径以及地方财力制约等原因，西部地区科教发展较为落后。

（一）西部地区科技发展差异分析

从科技投入来看，2015年，四川、陕西、重庆科技投入最高，R&D经费内部支出和R&D人员全时当量分居西部前三，且三个省市科技投入强度最大。其中，四川、陕西两个省份R&D经费内部支出占西部总量一半以上，R&D人员全时当量投入占西部总量的45%。陕西科技投入强度最大，居西部第一位。四川、重庆科技投入强度居西部第二位、第三位。从科技成果来看，四川、重庆、陕西三种专利发明成果显著，三种专利授权数分别为64953件、38914件、33350件，分别占西部三种专利授权总数的32.3%、19.36%、16.59%，居西部前三位。宁夏、青海、西藏三种专利成果较差,受理数和授权数均不足西部的1%。陕西技术市场最发达,成交合同金额7218211万元,占西部技术市场成交合同总金额的53.67%,居西部第一位。其次是四川,成交合同金额2823202万元,占西部技术市场成交合同总金额的21%,居西部第二位。总体来看,西部地区科技发展实力最强的地区主要集中在四川、陕西和重庆。

表4-13　　　　2015年西部地区科技投入及科技成果

地区	技术市场成交额(万元)	三种专利申请受理数(件)	三种专利申请授权数(件)	R&D经费内部支出(万元)	R&D人员全时当量(人年)
内蒙古	153872	8876	5522	1360617	38248
广西	73132	43696	13573	1059124	38269
重庆	572366	82791	38914	2470012	61520
四川	2823202	110746	64953	5028761	116842
贵州	259626	18295	14115	623196	23537
云南	518364	17603	11658	1093570	39535
西藏	—	309	198	31242	1130
陕西	7218211	74904	33350	3931727	92618
甘肃	1296958	14584	6912	827203	25859
青海	468849	2590	1217	115843	4008
宁夏	35202	4394	1865	254842	9247
新疆	30322	12250	8761	520010	16949

资料来源:2016年《中国科技统计年鉴》。

(二)西部教育发展差异分析

2015年,西部普通高等学校642所,在校学生数645万人,毕业生数164万人。中等职业学校2484所,在校学生数430万人,毕业生数144万人。其中,四川普通高等学校109所,在校学生138万多人,毕业生36万人,分别占西部的16.98%、21.5%、22%;中等职业学校467所,在校学生98万人,毕业生42万人,分别占西部的18.8%、23%、29.29%,居西部第一位。陕西普通高等学校92所,在校学生接近110万人,毕业生接近30万人,分别占西部的14.33%、17%、18.27%,居西部第二位。广西、云南、重庆普通高等学校分别为71所、69所、64所,居西部第三位、第四位、第五位。云南中等职业学校 379 所，在校学生 48 万多人，居西部第二位。陕西、广西、内蒙古中等职业学校分别为 288 所、280 所、250 所，分别居第三位、第四位、第五位。

表 4-14　2015 年 西部地区普通高等学校与中等职业学校情况

地区	普通高等学校	普通高等学校在校学生数（人）	普通高等学校毕业生数（人）	中等职业学校	中等职业学校在校学生数（人）	中等职业学校毕业生数（人）
内蒙古	53	420807	107863	250	214555	82938
广西	71	751181	182658	280	736360	231889
重庆	64	716580	181068	134	328028	108659
四川	109	1387889	361510	467	987491	423086
贵州	59	500882	116824	206	602491	118846
云南	69	614569	146031	379	484189	149924
西藏	6	34203	9536	9	15796	6139
陕西	92	1099693	299738	288	322341	125060
甘肃	45	450463	124003	228	229348	87558
青海	12	57460	13403	39	76364	19492
宁夏	18	115007	28235	32	82117	25942
新疆	44	304682	69660	172	221705	65161

资料来源：2016 年《中国统计年鉴》。

西部地区受教育抽样调查情况显示，2015 年年底，西部地区文盲人口 376850 人，文盲率 7.9%。全国文盲人口占 15 岁及以上人口的比例是 5.42%。除陕西、新疆、广西以外，西部其余省份的文盲率均高于全国平均水平，其中，西藏文盲率高达 37.33%，青海 16.63%，云南 13.01%。可见，西部地区整体受教育程度低于全国平均水平，劳动力文化素质亟待提高。

表 4-15　2015 年西部地区 15 岁及以上劳动人口文盲率

地区	15 岁及以上人口（人）	文盲人口（人）	文盲人口占 15 岁以上人口的比重（%）
内蒙古	339221	18564	5.47
广西	578067	26921	4.66

续表

地区	15岁及以上人口（人）	文盲人口（人）	文盲人口占15岁以上人口的比重（%）
重庆	395462	22102	5.59
四川	1074458	87444	8.14
云南	426708	55494	13.01
贵州	597416	56913	9.53
西藏	38702	14449	37.33
陕西	500658	24389	4.87
甘肃	335638	37969	11.31
青海	73230	12178	16.63
宁夏	82957	7609	9.17
新疆	287414	12818	4.46

资料来源：2016年《中国统计年鉴》。

第二节　经济类型区甄别指标体系构建

区域产业链的延伸及区域联动发展，要求区域产业既要有互补性又要有一定的差异性和梯度。这里将针对西部地区经济和产业发展特征设计相关指标体系，甄别西部12个省份制造业、资源产业和现代服务业的发展水平及类型。之所以选择制造业，是因为制造业是西部地区经济发展的重要基础和支撑，也是区域综合实力和竞争力的重要体现；而且制造业区域产业链是西部地区规模最大、延伸最长也是最主要和最重要的产业链之一；之所以选择资源产业，是因为西部地区虽然资源丰富，资源产业在区域经济中占据较大比重，但很多地区的资源优势并没有很好地转换成经济优势，有的地区甚至表现出"资源诅咒"效应；之所以选择现代服务业，是因为加快发展现代服务业是实现西部地区跨越式发展的有力途径。因此，有必要对西部12个省份制造业、资源产业和现代服务业发展水平及其所属类型进行甄别，以便更准确和更有针对性地设计基于区域产业链的西部联动发展机制和模式。

一　指标体系构建原则

科学合理的指标体系是区域类型甄别的重要基础和可靠保证，指标体系的建立需要遵循一定原则，基于本书的研究目标并综合现有研究成果，西部地区经济类型区甄别指标体系主要遵循以下原则。

(一) 代表性和差异性原则

类型甄别涉及的影响因素较多，可选指标也很丰富。选择指标过少，无法全面反映划分区域类型特征，划分区域不具有代表性；而选择指标过多，一定程度上可以提高区域划分的准确性，但会降低关键因素的作用体现。同时，指标应该从甄别区域类型特征出发，分别反映各区域状况，又体现区域差异性。因此，所选指标需要最具有代表性以及充分体现区域差异性。

(二) 系统性和完整性原则

区域类型是产业生产绩效、产业规模、经济社会、市场需求、生态环境等多种因素共同作用的结果。因此，区域类型划分要从区域系统出发，全方位考虑影响西部区域类型划分的影响因素，以保证尽可能全面地反映西部地区各区域真实水平与发展状况，又反映其发展潜力和长期潜在效益。

(三) 科学性和可操作性原则

一方面，指标体系必须能客观反映各划分区域影响因素与指标体系的内在联系与划分区域实际情况，含义明确，计算公式科学合理。另一方面，鉴于数据的可得性，指标体系构建还应该具有较强的操作性，尽可能与现行指标统计口径一致，所需数据要可获取、便于收集和整理，计算简洁，对于数据不可得的指标，只能舍弃。另外，指标选取应该繁简适中，结构清晰，以增强可操作性。

(四) 借鉴性和完善性原则

参考现有研究，综合借鉴已有研究成果中指标体系，并充分结合西部地区资源产业、制造业、现代服务业发展水平甄别的特殊性，在借鉴的同时进行调整、完善，以使指标体系更符合甄别目标。

(五) 生态性原则

资源开发、产业发展具有一定破坏性，会对生态环境造成不利影响，随着西部大开发的逐步推进，环境问题日益突出，生态环境保护与改善越来越受到重视。因此，构建西部地区区域类型甄别指标体系需要考虑生态环境因素。

二 甄别指标体系构建

依据以上原则,结合制造业、现代服务业和资源产业的特征,从不同角度来衡量西部各个省份制造业、现代服务业以及资源产业的发展水平差异,从而进行区域类型甄别。

(一)制造业发展水平及类型区甄别指标体系

制造业发展水平高的区域是指市场经济环境下,一定范围内,某个区域相对于其他区域的制造业能更充分有效地运用生产要素,以更高技术、更低能耗、更少污染地制造产品和提供服务,有高效和持续地创造价值的能力和潜力。此处的区域是指我国西部省级行政单元,制造业是对制造原材料进行加工,以及对零部件进行装配与再装配的物质生产部门,包括去除采矿业、电力、燃气及水的生产和供应业后的工业门类。本书将从规模实力、产业效益、成长潜力、市场影响力、科技投入、产业高度化、能源消耗与环境保护8个方面入手,选择21个具体指标来构建制造业发展水平及类型区甄别指标体系。

表4-16　　　　制造业发展水平及类型区甄别指标体系

目标指标层	具体指标层
规模实力	制造业总产值
	制造业利润总额
	制造业资产
	制造业就业人数
产业效益	制造业劳动生产率
	制造业资金产出率
	制造业总资产贡献率
	成本费用利润率
成长潜力	制造业产值增长率
	制造业资产增长率
	制造业就业人员增长率
	制造业利润增长率
市场影响力	制造业全国市场占比

续表

目标指标层	具体指标层
科技投入	制造业 R&D 经费占产品销售收入比重
	制造业 R&D 人员占全部从业人员比重
产业高度化	机械电子类行业产值占制造业总产值比重
能源消耗	制造业单位产值能耗
	制造业单位产值电耗
环境保护	制造业单位产值固体废物排放处置量
	制造业单位产值废水处理设施数
	制造业单位产值废气处理设施数

制造业发展水平及类型区甄别具体指标计算与解释如下：

1. 规模实力。

规模实力是制造业发展水平的直接体现，只有具备合理的产业规模，才能在产业自身不断发展的同时联动其他产业，带动区域经济整体发展。制造业总产值、制造业利润总额、制造业资产、制造业就业人数4个指标共同反映了一个区域制造业的规模水平和价值创造能力。制造业规模越大，实现的产值总量越多，吸附就业越多，盈利水平越强。

2. 产业效益。

产业效益是区域制造业生产效率与经营效益的集中体现，反映了制造业的发展质量。劳动生产率代表劳动力的产出效率，劳动生产率是指劳动者在一定时间段生产的产品与其付出的劳动消耗量的比值，是企业生产经营水平、技术等级与劳动力熟练程度的综合体现。资金产出率和总资产贡献率代表了资本的创收能力和盈利能力，是资本效率、经营能力和企业管理水平的集中体现。成本费用利润率指标代表企业每付出单位成本费用可获取的利润，代表了经营成本费用消耗所带来的成果。

3. 成长潜力。

制造业发展是一个动态过程，成长性也非常重要，代表着行业未来的趋势，成长潜力从动态的角度反映区域制造业的未来价值。可以选择的指标有制造业产值增长率、制造业资产增长率、制造业就业人数增长率和制造业利润增长率。

4. 市场影响力。

市场影响力是区域制造业对市场影响和支配的体现。市场影响力越强，对市场的影响越明显，主导企业支配和占据市场的能力就越强。本书集中研究区域市场，采用制造业全国市场占比来衡量制造业对市场的影响力。

5. 科技投入。

科技创新力是区域制造业发展的核心动力，制造业科技创新水平一定程度上制约着制造业发展现状以及未来发展潜力。科技创新对产业发展的影响主要通过创新资金与创新人员的投入来实现。选用制造业R&D 经费占产品销售收入比重和制造业 R&D 人员占全部从业人员比重来反映区域制造业科技投入水平。

6. 产业高度化。

制造业发展水平的不断提高必然伴随着内部结构的高度化，表现为高技术产业在制造业中的比重不断上升。因此，可以选用机械电子类行业产值占制造业总产值比重来反映。

7. 能源消耗。

发达制造业的生产模式应该由粗放型向集约型转化，单位产值能源能耗越少，能源使用效率越高，制造业发展潜力越大，发展前景也越好。用制造业单位产值能耗和单位产值电耗来反映制造业能源消耗强度。

8. 环境保护。

制造业发展水平高的区域注重环境保护与可持续发展，因此，选用制造业单位产值固体废物处置量、制造业单位产值废水处理设施数和制造业单位产值废气处理设施数作为主要衡量指标。单位固体废物、废水、废气处理量越高，制造业环境保护能力越强，可持续发展力越好。

(二) 现代服务业发展水平及类型区甄别指标体系

现代服务业是伴随着经济发展并依托现代信息技术、管理理念与经营方式发展起来的服务业，既包括新兴服务业，又包括通过新技术、新业态和新方式改造提升的传统服务业。现代服务业通过各种配套服务功能，将生产、分配、消费等环节有机连接，促进资金流、物流、人流、信息流的快速运转，对产业发展与联动具有重要作用。现代服务业优势区是在一定区域范围内，服务业在规模、质量、成长力、基础条件等多方面具有竞争优势的地区。本书研究的现代服务业包括信息传输、计算机服务和软件业；金融业；房地产业；租赁与商务服务业；科学研究、技术服务和地质勘查业；水利、环境和公共设施管理业；居民服务和其他服务业；教育；卫生、社会保障和社会福利业；文化、体育和娱乐业10大行业。从规模水平、效益质量、成长能力、经济基础、科技创新5个方面，建立现代服务业优势区综合评价指标体系。

表 4-17　　　　现代服务业发展水平及类型区甄别指标体系

目标指标层	具体指标层
规模水平	现代服务业增加值
	现代服务业固定资产
	现代服务业从业人数
效益质量	现代服务业劳动生产率
	现代服务业固定资产投资收益率
	现代服务业增长贡献率
成长能力	现代服务业增加值增长率
	现代服务业固定资产增长率
	现代服务业从业人员增长率
	可持续发展率
经济基础	GDP
	人均 GDP
	工业化水平
	城镇化水平
科技创新	互联网普及率
	技术市场成交额

现代服务业发展水平及类型区甄别具体指标计算与解释如下：

1. 规模水平。

现代服务业在规模方面的优势主要体现在整体要素投入与价值创造方面，选择现代服务业增加值、现代服务业固定资产、现代服务从业人员数反映一个地区服务业经济总量，固定资产投入水平，吸纳就业规模。

2. 效益质量。

现代服务业不仅需要数量上的增长，还需要质量上的提高。质量的提高体现在投入生产中生产效率以及运营管理中经济效益的提高。选择现代服务业劳动生产率、现代服务业固定资产投资收益率、现代服务业增长贡献率三个指标从投入产出方面反映现代服务业产出效益与发展质量。现代服务业劳动生产率越高，固定资产投资收益水平越好，增加值增长对经济增长的促进作用越显著，地区现代服务业越具有效益上的优势。

3. 成长能力。

现代服务业成长力体现竞争优势的发展动态，可以用经济指标的增长速度来衡量。选择现代服务业增加值增长率、现代服务业固定资产增长率和现代服务业从业人员增长率三个指标来反映现代服务业增长。为了更好地测量现代服务业成长，设定了可持续发展率指标，采用新兴服务业就业人员占总服务业从业人员的占比方式进行度量。

4. 经济基础。

现代服务业发展与一定经济发展水平紧密结合。经济不断发展以及城镇化、工业化水平的不断提高是现代服务兴起及发展的基础。选取GDP、人均GDP、工业化水平、城镇化水平体现经济发展水平与所处发展阶段，在一定意义上经济越发达，工业化、城镇化发展水平越高，对现代服务业的需求越多，服务业越发达。

5. 科技创新。

现代服务业是伴随着科技进步和经营理念创新发展起来的服务业，具有高科技、高人力资本等属性。选择互联网普及率、技术市场成交额作为衡量现代服务业科技创新指标。2015年中国提出"互联网+"行动，推动互联网由消费领域向生产领域拓展，互联网成为现代服务业重要科技赋能因子，因此本书将互联网普及率列为科技创新基础指标。

(三) 资源产业发展水平及类型区甄别指标体系

资源产业发达区主要是具有自然资源丰富，并且由于自然资源的开采利用，资源产业兴起进而不断发展壮大，从而将自然资源优势转化为产业优势的地区。这里的自然资源主要指可量化为经济价值的石油、天然气、煤炭、有色金属、非金属、黑色金属等矿产资源，资源产业即对相应矿产资源进行开采及初级加工的矿产资源业。一方面，资源产业发达区具有得天独厚的自然地理条件，地质条件较优越，部分矿产资源较丰富，具有较好的禀赋条件，形成矿产资源优势。另一方面，受市场环境、投资条件等因素影响，形成成本和价格优势，从而使资源优势转化为产业优势，矿产资源业具有一定规模，经济效益较好，矿产品具备一定市场影响力。

表4-18　　　　资源产业发展水平及类型区甄别指标体系

目标指标层	具体指标层
资源禀赋	石油产量
	天然气产量
	非油气矿产资源总产量
	发电量
经济规模	矿产资源业总产值
	矿产资源业利润总额
	矿产资源业总资产
	矿产资源业就业人数
	矿产资源业企业单位数
经济效益	矿产资源业劳动生产率
	矿产资源业资金产出率
	矿产资源业资产贡献率
	矿产资源业成本费用利润率
市场影响力	矿产资源业全国市场占比
可持续发展力	累计投入矿山环境治理资金（万元）
	累计恢复治理面积（公顷）

资源产业发展水平及类型区甄别具体指标计算与解释如下：

1. 资源禀赋。

资源禀赋是矿产资源储量规模等固有特征的自然体现。选取石油产量、天然气产量以及非油气矿产资源产量、发电量4个指标衡量资源禀赋，其中发电量和当地煤炭、水资源、风力资源等紧密相关。

2. 经济规模。

经济规模体现了资源优势能否转化为经济优势。拥有丰富的矿产资源是发展矿产资源业的基础条件。选择矿产资源业总产值、矿产资源业利润总额、矿产资源业总资产、矿产资源业就业人数、矿产资源业企业单位数5个指标共同反映了一个区域矿产资源业的规模水平。

3. 经济效益。

经济效益反映了区域矿产资源业生产效率与经营效益。选择矿产资源业劳动生产率、矿产资源业资金产出率、矿产资源业资产贡献率和矿产资源业成本费用利润率反映区域矿产资源业的经济效益。

4. 制造业市场影响力指标。

选择矿产资源业全国市场占比来衡量矿产资源业对市场的影响力，公式为区域矿产资源业销售收入占全国比重。

5. 可持续发展力指标。

选择累计投入矿山环境治理资金、累计恢复治理面积两个指标测量当地对矿山开采后环境恢复情况，这些指标与当地可持续发展密切相关。

三　甄别方法体系

西部地区制造业、现代服务业和资源产业发展水平和区域类型甄别指标体系均为多指标体系，虽然大量指标参与建模，能够较为全面地描述地区制造业、现代服务业和资源产业的竞争实力，但是这样会增加统计分析的复杂性。另外，各类型区域指标之间存在或多或少的相关性，如果不考虑相关性，会使一些影响因素在区域类型甄别中的作用不够明确，不能达到统计分析的目的。为了解决上述问题，本书采用因子分析与聚类分析相结合的方法对西部地区制造业、现代服务业和资源产业发展水平和区域类型进行甄别。

（一）因子分析法概述

因子分析法从研究指标内部相关依赖性出发，把一些具有复杂关系的变量归结为少数几个不相关的综合因子的多元统计分析方法。其基本思想是依据变量的相关性进行分组，使同组变量相关性较高，而不同组变量不相关或相关性较低，那么每组变量表示出一个基本要素，即公共因子。因子分析在变量较多并存在相关性时，用于变量降维时效果较好，它从所有变量中找出具有代表性的因子，将类似性质的变量归入一个因子,可减少变量的数目,并检验变量间关系。下面对因子分析法进行具体说明。

1. 数学模型。

因子分析首先应对数据样本进行标准化处理,得到样本的相关矩阵 R,然后计算相关矩阵的特征根和特征向量,根据累积贡献率要求确定主因子的个数,最终得到因子载荷矩阵 A。

因子分析模型如下:

$$\begin{cases} y_1 = \alpha_{11}x_1 + \alpha_{12}x_2 + \alpha_{13}x_3 + \cdots + \alpha_{1k}x_k + \varepsilon_1 \\ y_2 = \alpha_{21}x_1 + \alpha_{22}x_2 + \alpha_{23}x_3 + \cdots + \alpha_{2k}x_k + \varepsilon_2 \\ y_3 = \alpha_{31}x_1 + \alpha_{32}x_2 + \alpha_{33}x_3 + \cdots + \alpha_{3k}x_k + \varepsilon_3 \\ \cdots \cdots \\ y_n = \alpha_{n1}x_1 + \alpha_{n2}x_2 + \alpha_{n3}x_3 + \cdots + \alpha_{nk}x_k + \varepsilon_n \end{cases} \quad (4-1)$$

为了便于记录,模型用矩阵形式表示为:$Y = AX + \varepsilon$。其中 Y 为可观测的 n 维变量向量,X 为不可观测的 k 维因子向量,每一个分量表示一个因子。矩阵 A 为因子载荷矩阵,ε 为特殊因子,表示不能被因子解释的部分[①]。

上述模型要求满足以下条件:$k \leq n$;ε 与 X 不相关;$E(Y) = 0$。

2. 模型的统计意义。

模型中有特征根、因子载荷、解释方差等统计量对因子分析的结果很重要,下面对这些指标进行具体说明。

(1)特征根。一般取大于 1 的所有特征根的集合,数量根据每次因子分析结果来确定,累积解释度原则上要求达到 80% 以上。

(2)因子载荷的统计意义。α_{ij} 是第 i 个变量在第 j 个因子上的载荷,表示第 i 个变量对第 j 个因子的相关程度。α_{ij} 越大,y_i 与因子 x_j 的相关性越显著。

3. 因子旋转。

计算出公共因子及因子载荷以后,为了更方便解释各个因子,需要将因子进行适当旋转,使旋转后的因子具有一定的意义并更方便解释以便对具体问题进行分析。因子旋转的方法可以采用方差最大正交旋转、

---

① 张红兵、贾来喜、李潞:《SPSS 宝典》,电子工业出版社 2008 年版,第 389 页。

直接斜交旋转、四分位最大正交旋转、等量正交旋转等方法。因子旋转是要使因子载荷矩阵中因子载荷的平方值分别向更大、更小两个维度靠近，也就是说让载荷大的更大，载荷小的更小，从而更易于解释。

4. 计算因子得分。

因子分析的另一个重要作用是用模型去评价每个样本在整个模型中的地位，即计算因子得分。这时需要将因子用变量的线性组合来表示：

$$X_j = \beta j1 Y_1 + \beta j2 Y_2 + \cdots + \beta jn Y_p \quad j = 1, 2, \cdots, k \quad (4-2)$$

有了上述公式，我们就可以得到每个样本每个因子的得分，对于后续做样本比较、回归以及聚类分析提供输入，这些结果包括系数都是客观计算出来，因此结果用于后续处理其客观性和科学性都是有保证的。本书将应用以上方法做样本比较和聚类分析。

（二）聚类分析法概述

聚类分析是根据研究对象各种特性，按照某种近似性或差异性指标，用数学方法定量地确定样本关系的距离，并按这种距离对对象进行分类的方法。常见的聚类分析方法主要有系统聚类法、K均值聚类法和两步聚类法等。本书将采用系统聚类法进行分析。

系统聚类分为个案和变量：个案聚类是对研究样本进行聚类，使具有近似特性的样本聚在一起，特性差异较大的样本分离；而变量聚类是对研究变量而言的，使相近的变量聚在一起，差异较大的变量分离。本书中对西部各种属性数据进行聚类属于个案聚类。

1. 聚类对象的数据处理。

聚类分析是根据研究对象的属性值进行分类，由于原始数据单位不一致，数字大小变化幅度存在差异，可能存在某些数量级很大的变量把数值较小变量屏蔽问题，所以需要对原始数据进行标准化处理，使不同数量级的变量具有同等重要性。本书是根据前一阶段计算得到的公共因子进行聚类分析，由于公共因子本身就没有量钢，因此本书无须进行标准化处理。

2. 距离的测度。

距离是研究对象之间属性差异的计算结果，差异数值越小，那么代表两个对象本属性的相似度越高；反之差异数值越大，则相似度越低。距离计算是进行系统聚类的前提和基础。主要的距离表示方式有 Euclidean 距离、Pearson 相关性、余弦、平方 Euclidean 距离、Chebychev 距离。本书使用到平方 Euclidean 距离、Chebychev 距离。

3. 聚类的基本方法。

聚类分析过程中根据聚类性质,确定是变量聚类还是个案聚类,其次应选定聚类的方法,常见的方法有组内连接法、组间连接法、最远邻元素、最近邻元素、中位数聚类、质心聚类等。本书使用到了质心聚类、中位数聚类和组间连接,为类与类之间每个个体距离的平均值。

第三节 西部地区经济类型区甄别实证分析

西部 12 个省份 2015 年制造业、现代服务业和资源产业发展水平类型区甄别指标的原始数据来源于《中国工业经济统计年鉴》《中国统计年鉴》《中国能源统计年鉴》《中国环境统计年鉴》《中国科技统计年鉴》《中国第三产业统计年鉴》《中国国土资源年鉴》《中国矿业年鉴》及西部各省市区统计年鉴。

一 西部地区制造业发展水平类型区甄别实证分析

(一) 西部地区制造业发展水平的主因子识别

由于 22 个衡量西部各省市区制造业发展水平的指标计量单位不同,先对原始数据进行标准化处理后,分别计算公因子的特征值、贡献率和累计贡献率(见表 4-19)。从表 4-19 可以看出,发现前面 6 个因子的特征值均大于 1,而且 6 因子的累计贡献率达 93.30%,因此,选择前 6 个因子可以较充分地解释原始数据所表达的信息。

表 4-19 西部地区制造业发展水平因子累计贡献率、特征值及贡献率　　单位:%

特征值	10.73	5.21	2.46	1.53	1.39	1.08
贡献率	44.70	21.70	10.24	6.36	5.81	4.49
累计贡献率	44.70	66.40	76.64	83.01	88.82	93.30

对提取到的 6 个因子建立因子载荷矩阵,使用最大方差正交旋转方法对因子载荷进行旋转,得正交因子载荷矩阵(见表 4-20)。

表 4-20　　　　　旋转后的制造业发展水平因子载荷矩阵

指标	X1	X2	X3	X4	X5	X6
就业人数（万人）	0.986	0.05	-0.086	0.016	0.038	-0.002
制造业总产值	-0.217	0.015	0.932	0.21	-0.095	0.103
单位产值电耗	-0.09	0.664	0.708	0.019	0.009	-0.095
单位产值能耗	-0.55	0.112	-0.01	-0.004	-0.071	-0.76
单位废水排放	0.819	0.069	-0.016	-0.179	-0.101	0.499
单位固体废物排放	0.657	0.31	-0.124	-0.441	-0.052	0.396
总资产贡献率	-0.517	0.647	0.309	-0.305	-0.114	0.184
产值增长率	0.535	0.796	0.056	-0.165	0.034	-0.003
利润增长率	0.274	-0.352	-0.136	0.684	-0.37	-0.12
单位废气排放	-0.04	-0.068	-0.129	-0.229	0.925	0.034

注：提取方法：主成分分析法。
旋转法：具有 Kaiser 标准化的正交旋转法。

根据旋转后的因子载荷矩阵，对 6 个公共因子进行命名。第一个因子 X1 在就业人数、单位废水排放量、单位固体废物排放量、产值增长率 4 项指标上载荷值较大，这些指标主要体现了就业因子。第二个因子 X2 在制造业产值增长率、总资产贡献率、单位产值电耗 3 项指标上载荷值较大，这些指标反映了地区制造业成长及资产效率，命名为成长因子。第三个因子 X3 在制造业总产值、单位产值电耗两项指标上载荷值较大，这些指标主要表现了制造业规模，命名为规模因子。第四个因子 X4 在制造业利润增长率载荷值较大，命名为效率因子。第五个因子 X5 在单位废气排放量上载荷值较大，命名为大气环保因子。第六个因子 X6 在单位废水排放量、单位固体废物排放量上载荷值较大，命名为环保因子（见表 4-21）。

表 4-21　　　旋转后总方差分解表及因子的实际含义　　　单位：%

因子	特征值	贡献率	累计贡献率	经济含义
X1	9.61	40.06	40.06	就业因子
X2	4.00	16.66	56.72	成长因子
X3	3.28	13.68	70.40	规模因子
X4	2.27	9.44	79.84	效率因子

续表

因子	特征值	贡献率	累计贡献率	经济含义
X5	1.71	7.14	86.98	大气环保因子
X6	1.52	6.32	93.30	环保因子

为了反映各地区制造业发展水平差异，构建因子得分方程，计算各地区因子得分，并以因子旋转后的方差贡献率占总方差贡献率的比重为权数，得出西部各省市区制造业发展水平综合得分。西部各省市区制造业发展水平的因子得分、因子综合得分、综合排名如表4-22所示。

影响西部地区制造业发展的主要因子是就业、成长、规模及效率因子，4项因子加起来占整个方差的79.84%（见表4-21）。从因子综合得分来看，西部各省市区制造业综合水平存在差异。四川、重庆、陕西、广西、内蒙古、西藏6个省份制造业因子综合得分为正，位列西部前六。其中，四川综合因子得分大于0.9，远远高于西部其他省份。云南、贵州、新疆、宁夏、甘肃、青海因子综合得分为负（见表4-22）。

表4-22　　　　西部制造业发展水平因子得分及排名

地区	X1	X2	X3	X4	X5	X6	X综合	综合排名
内蒙古	-0.248	0.171	-0.690	2.296	0.104	1.269	0.139	5
广西	0.813	0.918	-1.086	-0.276	-0.362	-0.748	0.231	4
重庆	0.963	0.968	-0.178	-1.547	-0.199	1.658	0.467	2
四川	2.284	-0.390	0.234	0.668	0.160	-0.848	0.903	1
贵州	-0.612	1.483	-0.740	0.052	-0.462	-0.076	-0.132	8
云南	-0.010	-0.587	0.233	0.476	-0.031	-1.632	-0.131	7
西藏	-0.963	1.191	2.463	0.140	-0.282	-0.288	0.125	6
陕西	0.713	-0.785	1.279	-0.507	0.200	0.560	0.331	3
甘肃	-0.449	-1.864	0.059	0.123	-1.045	1.203	-0.469	11
青海	-1.002	-0.914	-0.810	-1.336	-0.900	-0.863	-0.910	12
宁夏	-0.803	0.160	-0.421	0.457	-0.105	-0.313	-0.337	10
新疆	-0.686	-0.350	-0.343	-0.547	2.923	0.078	-0.218	9

值得一提的是，由于整个大环境影响，2015年西部地区制造业发展呈现较大差异。通过比较2011年数据，我们看到2015年西部地区制

造业成长指标不再像 2011 年那样全部为正向增长，部分省份规模、利润增长指标出现下滑，甘肃、青海甚至出现全省制造业行业亏损情况，具体如表 4-23 所示。

表 4-23　　　　　　2015 年西部地区制造业成长指标　　　　单位：%

省份	ROE	产值增长率	利润增长率	总资产贡献率
内蒙古	7.1	-2.6	-22.4	4.1
广西	24.4	10.2	20.6	10.9
重庆	23.7	13.8	14.7	10.8
四川	14.7	3.0	-8.6	7.6
贵州	16.6	20.0	13.3	9.5
云南	8.1	-3.7	-8.1	0.1
西藏	15.2	25.7	0.9	10.1
陕西	10.8	4.6	-2.0	0.1
甘肃	-4.5	-12.0	-307.0	0.3
青海	-1.4	2.9	-214.1	1.0
宁夏	4.3	4.9	66.2	2.9
新疆	6.3	-9.2	12.6	3.9

根据各地区制造业发展水平的因子综合得分，可以将西部 12 个省份划分为不同等级类型。在这里，我们将综合得分在 0.45 以上的地区定义为领先型，得分位于 0.13—0.45 的地区定义为挑战型，得分位于 -0.35—0.13 的地区定义为潜力型，得分低于 -0.35 的地区定为滑坡型。西藏经济总量数据极低，但成长率、效率数据较高，其他区域差异较大，且不同年份间呈现结果完全不同，数据跳跃较大，单独归为特殊型。所有结果见表 4-24。

表 4-24　　　　西部地区制造业发展水平等级类型划分

等级类型	地区	综合因子得分
领先型	四川、重庆	>0.45
挑战型	广西、内蒙古、陕西	0.13—0.45

续表

等级类型	地区	综合因子得分
潜力型	云南、贵州、新疆、宁夏	-0.35—0.13
滑坡型	甘肃、青海	<-0.35
特殊型	西藏	

（二）西部地区制造业发展水平聚类

为了验证因子分析的等级类型划分结果，同时进一步分析制造业区域类型结构特征，我们依据因子分析中制造业发展水平的6个公共因子得分，运用 SPSS 20，采用系统聚类分析法，对西部地区12个省份进行聚类分析，聚类分析谱系如图4-3所示。

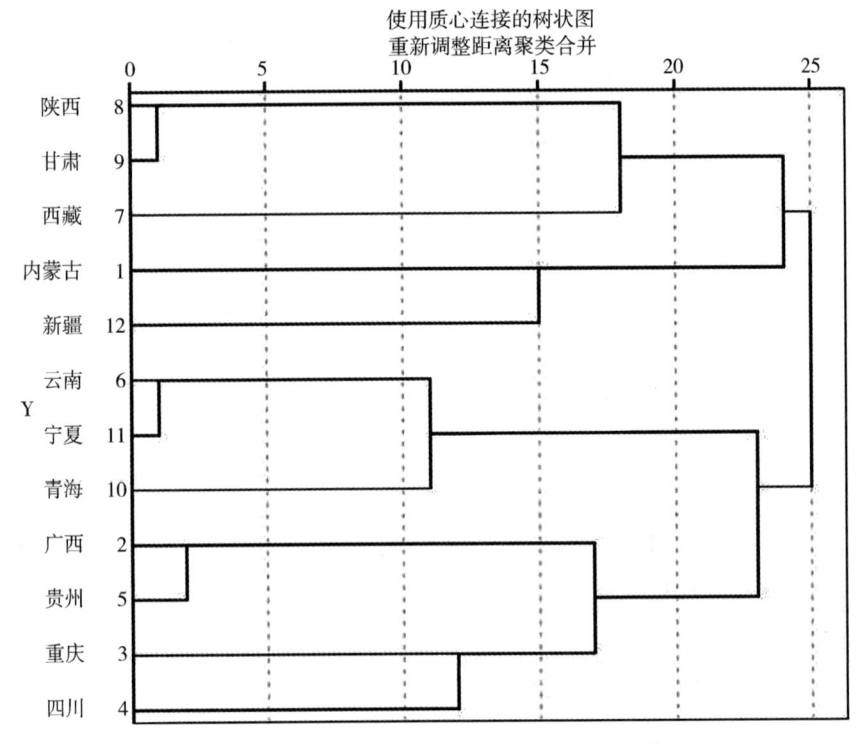

图4-3 西部地区制造业发展水平聚类分析谱系

聚类分析结果如表4-25所示，西部12个省份制造业可以分为五类：第一类，四川、重庆；第二类，广西、贵州；第三类，云南、宁夏、青海；第四类，内蒙古、新疆；第五类，陕西、甘肃；第六类，西藏。

表 4-25　　　　　西部地区制造业发展水平聚类分析结果

类别	地区
第一类	四川、重庆
第二类	广西、贵州
第三类	云南、宁夏、青海
第四类	内蒙古、新疆
第五类	陕西、甘肃
第六类	西藏

通过聚类分析的结果可知，西部各省份制造业聚类分析与因子分析结果在综合实力排名上具有很好的一致性。

四川、重庆制造业综合实力都很强，就业因子得分远大于其他区域，为综合实力领先型区域；

第二类的广西、贵州制造业规模虽然有较大差异，但在产值增长、利润增长、资产贡献率方面基本面趋同，属于成长性较好区域；

第三类的云南、宁夏、青海资产贡献率普遍较低，制造业不发达，属于制造业落后区；

第四类的内蒙古、新疆均属于地大物博，当地自然资源充足，依托自然资源加工业发达，就业人数接近，效率指标也较为接近，属于自然资源加工区；

第五类的陕西、甘肃地理条件接近，各方面指标不突出，属于制造业追赶区域；

第六类的西藏制造业极不发达，不具备大规模发展制造业条件，但成长性指标尚可，属于特殊区域。

（三）西部地区制造业发展水平类型区甄别结果

综合因子分析综合实力排名、等级类型划分与聚类分析结果，将西部地区制造业分为发达区、成长区、潜力区、滑坡区和特殊区五类（见表4-26）。其中，四川、重庆为制造业发达区，这类区域因子综合实力强，因子综合得分大于 0.45，是因子分析中领先型地区，聚类分析中为一类区域,两种分析方法结果完全一致。广西、陕西和内蒙古为制造业成长区,即为因子分析中挑战型,因子得分为 0.13—0.45,在聚类分析中被分割到三个区域,这三省划分为成长区。云南、新疆、贵州和宁夏为制造业潜力区,这四个省份虽然目前制造业发展水平不高,但是有发展潜力。甘肃、青海两省制造业利润大幅滑坡,特别需要关注,这两省归为制造业滑坡区;西藏单独列为特殊区。

表 4-26　　　　西部地区制造业发展水平类型区甄别结果

区域类型	地区	因子得分、排名、等级类型	聚类分析结果
制造业发达区	四川、重庆	>0.45,第 1—2 名,领先型	第一类
制造业成长区	广西、陕西、内蒙古	0.13—0.45,第 3—5 名,挑战型	第二、第四、第五类
制造业潜力区	云南、新疆、贵州、宁夏	-0.35—0.13,第 7—10 名,潜力型	第二、第三、第四类
制造业滑坡区	甘肃、青海	<-0.35,第 11—12 名,滑坡型	第三、第五类
制造业特殊区	西藏	第 6 名,特殊型	第六类

二　西部地区现代服务业发展水平类型区甄别实证分析

(一)西部地区现代服务业发展水平的主因子识别

对刻画现代服务业优势区的原始数据进行标准化处理,其公共因子的特征值、贡献率和累计贡献率见表 4-27。特征值大于 1 的 4 个因子累计贡献率达 82.591%。

表 4-27　　　　西部地区现代服务业发展水平因子特征值、
　　　　　　　　　贡献率及累计贡献率　　　　　　　　　单位:%

特征值	8.088	3.868	2.66	1.076
贡献率	42.57	20.357	14.001	5.663
累计贡献率	42.57	62.927	76.928	82.591

对提取的 4 个因子建立原始因子载荷矩阵,使用方差最大正交旋转方法对因子载荷进行旋转变化,得到正交因子载荷矩阵(见表 4-28)。

表 4-28　　　　旋转后的现代服务业发展水平因子载荷矩阵

指标	成分			
	1	2	3	4
服务业增加值	0.077	-0.103	0.102	0.639
三种专利授权数	0.892	-0.155	0.047	-0.087
公共交通货运总量	0.306	0.253	0.867	-0.042
公共交通客运总量	0.722	0.314	0.114	-0.364
技术市场成交额	0.489	-0.284	0.174	-0.196
互联网普及率	-0.206	-0.712	0.423	0.334
城镇化水平	0.206	-0.226	0.888	0.207
人均 GDP	0.079	-0.292	0.657	0.595

注：提取方法：主成分分析法；
旋转法：具有 Kaiser 标准化的正交旋转法。

根据旋转后的因子载荷矩阵对 4 个公共因子进行命名（见表 4-29）。第一个主因子在三种专利授权数、公共交通客运总量、技术市场成交额 3 个指标上载荷值较大，主要体现了各省市区的综合技术水平，是衡量地区现代服务业整体发展水平的主要因子，因此命名为综合技术因子。第二个因子在公共交通客运总量、公共交通货运总量两个指标上载荷值较大，主要体现的是交通物流发达程度，可以命名为交通物流因子。第三个因子在城镇化水平、公共交通货运总量、人均 GDP、互联网普及率 4 个指标上具有较大系数，尤其在反映地区基础发展因素，命名为基础发展水平因子。第四个因子在服务业增加值、人均 GDP、互联网普及率上具有较大载荷，这三个指标均与现代服务业增加值有关，命名为增加值因子。

表 4-29　　　　旋转后总方差分解表及因子命名　　　　单位:%

因子	特征值	贡献率	累计贡献率	因子命名
X1	6.286	33.082	33.082	综合技术因子
X2	5.139	27.047	60.130	交通物流因子
X3	2.601	13.688	73.818	基础发展水平因子
X4	1.667	8.773	82.591	增加值因子

从因子分析可以发现：

第一，影响西部现代服务业发展的主要因子是综合技术实力、交通物流条件、基础发展水平，这3个因子加起来占整个方差的73.818%。一方面，经济发展为现代服务业的发展提供资金、人力、技术、设备、设施等要素支持。现代服务业需要更高效地利用专利成果、互联网等科技手段，提升现代服务业水平，用互联网加传统产业模式提档升级。另一方面，现代服务业是为了满足经济社会发展需求逐步产生和发展起来的。随着工业化的深入发展，城市人口的不断增加以及经济增长所带来的人均收入的增长，经济社会对现代服务业的需求会增加，而需求的增加会促使现代服务业建设与投资的扩大，推动现代服务业持续发展。

第二，西部各省份现代服务业发展综合实力存在差异（见表4-30）。从因子综合得分来看，四川、内蒙古、重庆、陕西、广西5个省份现代服务业发展较快，其因子综合得分为正，位列西部前五。云南、新疆、贵州居第六、七、八位，综合得分介于0—-0.100之间。甘肃、宁夏、青海、西藏居后四位，综合得分都小于-0.2。不难看出，现代服务业发展水平较高的地区是经济相对发达地区，而现代服务业发展水平较低的地区经济发展也相对落后。

表4-30　西部地区现代服务业发展水平因子得分及排名

地区	X1	X2	X3	X4	X综合	综合排名
四川	2.284	0.324	-0.302	-0.336	0.772	1
内蒙古	0.065	0.315	1.282	2.029	0.460	2
重庆	0.423	0.035	0.852	-0.127	0.255	3
陕西	0.724	-0.382	0.899	-0.623	0.204	4
广西	0.448	0.026	-0.104	0.177	0.156	5
云南	0.303	0.041	-0.811	-0.198	-0.017	6
新疆	-0.469	0.029	-0.009	1.018	-0.059	7
贵州	0.082	0.249	-0.681	-0.702	-0.060	8
甘肃	-0.340	-0.002	-0.362	-1.094	-0.258	9
宁夏	-1.148	-0.107	0.631	0.097	-0.314	10
青海	-1.338	-0.499	0.837	-0.722	-0.526	11
西藏	-1.034	-0.030	-2.233	0.482	-0.613	12

同理根据各地区现代服务业发展水平的因子综合得分，将西部12个省份划分为不同等级类型，可以得到西部地区现代服务业发展水平等级类型划分表（见表4-31）。

表4-31　　西部地区现代服务业发展水平等级类型划分

等级类型	地区	综合因子得分
领先型	四川、内蒙古	0.4—1
追赶型	重庆、陕西、广西	0—0.4
潜力型	云南、新疆、贵州、甘肃	-0.3—0
落后型	宁夏、青海、西藏	-0.7—-0.3

（二）西部地区现代服务业发展水平聚类

依据现代服务业发展水平的4个公共因子得分，对西部12个省份进行聚类分析，聚类分析谱系如图4-4所示。

聚类分析结果表明，西部12个省份资源水平可以分为五类：第一类，内蒙古、四川；第二类，重庆、陕西、广西；第三类，云南、贵州、甘肃；第四类，新疆、宁夏、青海；第五类，西藏（见表4-32）。

表4-32　　西部地区现代服务业发展水平聚类分析结果

类别	地区
第一类	内蒙古、四川
第二类	重庆、陕西、广西
第三类	云南、贵州、甘肃
第四类	新疆、宁夏、青海
第五类	西藏

除新疆外，西部其他省份现代服务业发展水平聚类分析与因子分析结果在综合得分上具有高度一致性。第一类的四川、内蒙古现代服务业发展好，经济水平、城镇化率高，科技创新力度大，具有较强的综合实力。其中四川省现代服务业宏观规模水平与科技创新力度在西部具有绝对优势，但人均GDP、城镇化率等略有欠缺；内蒙古公共交通货运总量、人均GDP等指标在西部排名第一位，服务业增加值排名西部第二位，但科技实力略差。

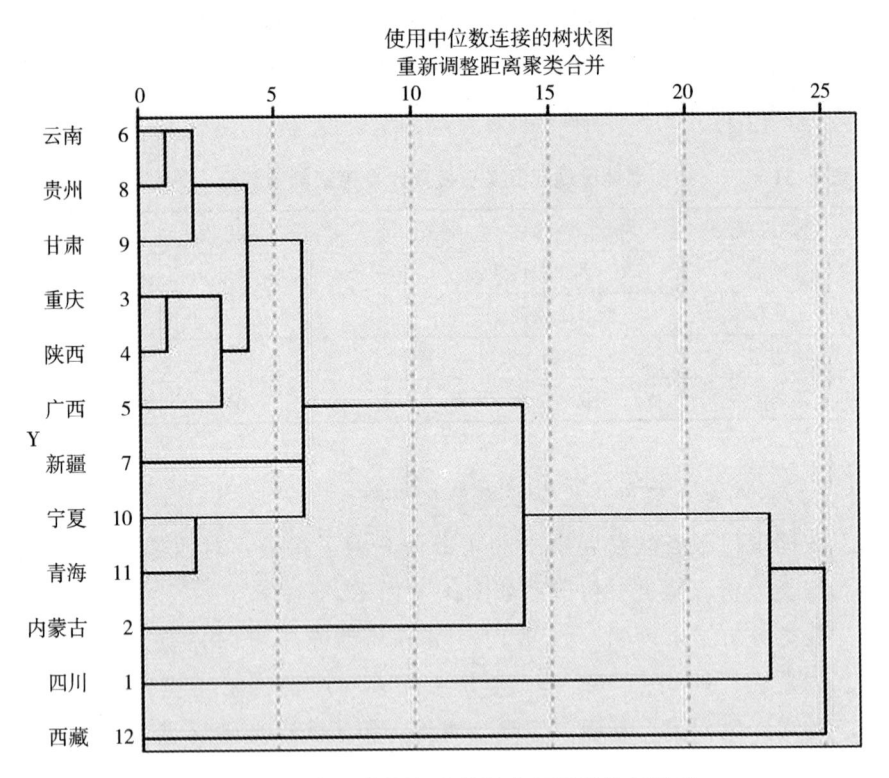

使用中位数连接的树状图
重新调整距离聚类合并

图 4-4 西部现代服务业发展水平聚类分析谱系

重庆、广西和陕西现代服务业具有一定规模投入和规模产出水平，同时，工业基础较好，对现代服务业具有一定带动力。这类区域三大产业中，第二产业相对更为发达，因此列为一类地区。第二类的重庆、广西现代服务业竞争力较强，因子综合得分较高，位列西部前四。同时，基础发展水平、增加值因子较高。其中，重庆增加值因子列西部第二位，陕西基础发展水平列西部第二位，广西交通物流因子列西部第二位。

第三类的贵州、云南、甘肃等地区因子分析的共性在于现代服务业发展水平不高，但增加值增长对经济增长的促进作用明显。其中，贵州、甘肃在技术市场成交和专利授权方面相对突出，对服务业贡献较大。

第四类新疆、宁夏、青海服务业增加值较低，基本靠旅游业为主。

第五类的西藏现代服务业发展水平居西部最后，现代服务业发展水平低，生产规模小，科技创新与可持续发展能力均较差。

（三）西部地区现代服务业发展水平类型区甄别结果

综合因子分析综合实力与聚类分析结果，将西部地区现代服务业分为现代服务业优势区、潜力区和落后区（见表4-33）。

表4-33　西部地区现代服务业发展水平类型区甄别结果

区域类型	地区	因子得分、排名、等级类型	聚类分析结果
现代服务业优势区	重庆、四川、内蒙古、陕西、广西	>0，第1—5名，领先型、追赶型	第一类至第二类
现代服务业潜力区	云南、贵州、甘肃	-0.3—0，第6、8、9名，潜力型	第三类
现代服务业落后区	新疆、宁夏、青海、西藏	-0.7—0，第7位、第10—12位，潜力型、落后型	第四类、第五类

其中，重庆、四川、内蒙古、陕西、广西为服务业优势区，这类区域现代服务业综合实力强，因子综合得分为正，综合排名居西部前五位，是因子分析中领先型与追赶型地区。现代服务业在科技创新、生产效率等方面具有一定差异，各具优势，为聚类分析中的第一类与第二类区域。这类地区是西部经济发展阶段较高的地区，工业体系健全，基础设施完备，科技创新能力强，市场化程度高，不仅具备现代服务业持续发展的经济基础，还具有现代服务业进一步转型升级的公共设施基础以及支撑条件。这几个省区具有一定的区位和资源优势，现代服务业在规模水平、生产效率上具有优势，归为现代服务业优势区。

云南、贵州、甘肃为现代服务业潜力区，这类地区因子得分为-0.3—0，因子综合排名居西部第6、8、9位。这类地区是西部经济社会发展相对落后的区域，自然资源丰富，城镇化建设相对滞后。现代服务业普遍存在的问题是规模较小，生产效率过低、可持续性不高，科技创新力度不够。由于这类地区工业基础薄弱，使现代服务业在经济发展中的地位突出。另外，因为现代服务业仍处于初级发展阶段，所以其增长速度往往大于西部其他省市区。值得注意的是，这类地区现代服务业快速增长只是暂时的，要实现持续健康的发展，需要进一步增强经济实力。

新疆、宁夏、青海和西藏为现代服务业落后区。这类区域从现代服务业发展条件来看，青海与西藏宏观经济总量低，产业结构不协调，交通不便利，基础设施不完备，经济社会总体发展仍处于相对落后状态。虽然这四个省区的草地、矿产、地热等自然资源十分丰富，但是由于交通、技术等条件限制，其丰富的自然资源优势未能转化为显著的经济优势，再加上劳动力素质偏低，人力资源十分匮乏，成为制约其经济以及现代服务业发展的"瓶颈"。另外，这类地区工业发展严重不足，服务业增加值增长主要来自财政补贴，还带有明显的消费型与粗放型特征，现代服务业发展落后。

三　西部地区资源产业发展水平类型区甄别实证分析

（一）西部地区资源产业发展水平的主因子识别

对刻画资源开发及其产业发展的原始数据进行标准化处理，其公共因子的特征值、贡献率和累计贡献率见表4-34。特征值大于1的4个因子累计贡献率达88.98%。

表4-34　　　　资源水平因子特征值、贡献率及累计贡献率　　　　单位：%

特征值	7.00	3.68	1.44	1.23
贡献率	46.65	24.54	9.57	8.22
累计贡献率	46.65	71.19	80.76	88.98

对提取的4个因子建立原始因子载荷矩阵，使用方差最大正交旋转方法对因子载荷进行旋转变化，得正交因子载荷矩阵（见表4-35）。

表4-35　　　　　　　旋转后的资源水平因子载荷矩阵

指标	成分			
	X1	X2	X3	X4
本年恢复治理面积（公顷）	0.911	0.123	0.061	0.239
本年投入矿山环境治理资金（万元）	0.892	0.228	-0.134	0.059
非油气矿产资源总产量	0.814	0.529	0.057	0.124
劳动生产率	0.715	0.157	0.492	-0.285
就业人数	0.126	0.955	-0.060	0.147

续表

指标	成分			
	X1	X2	X3	X4
总产值	0.096	0.457	0.532	0.548
总资产	0.487	0.749	0.289	−0.240
总发电量	−0.032	−0.213	0.769	0.480
总资产贡献率	0.053	−0.069	0.461	0.851
矿产资源业全国市场占比（%）	0.231	0.468	0.383	0.651

注：提取方法：主成分分析法；旋转法：具有 Kaiser 标准化的正交旋转法。

根据旋转后的因子载荷矩阵，对 4 个公共因子进行命名。因子 X1 在矿山资源恢复治理面积、本年投入矿山环境治理资金、非油气矿产资源总产量、劳动生产率、矿业总资产 5 项指标上具有较大载荷，这些指标主要反映了地区矿产资源业的规模，命名为可持续因子。因子 X2 在非油气矿产资源总产量、就业人数、总资产、矿产资源业全国市场占比 4 个指标上具有较大载荷，这些指标与资源规模有关，命名为规模因子。因子 X3 在总发电量、矿产资源、总产值、劳动生产率、总资产贡献率等反映产业生产效率的因子上具有较大载荷，命名为产出因子。因子 X4 在总资产贡献率、总产值、矿产资源全国市场占比、总发电量等指标上具有较大载荷，反映的是生产效率和份额，命名为效率因子（见表 4-36）。

表 4-36　　　　旋转后总方差分解表及因子的实际含义　　　　单位：%

因子	特征值	贡献率	累计贡献率	经济含义
X1	3.989	26.593	26.593	可持续性因子
X2	3.704	24.690	51.283	规模因子
X3	2.829	18.858	70.141	产出因子
X4	2.826	18.839	88.98	效率因子

西部各省市区制造业发展水平的因子得分、因子综合得分、综合排名如表 4-37 所示。

表 4-37　　　　　西部地区资源水平因子得分及排名

地区	X1	X2	X3	X4	X 综合	综合排名
内蒙古	3.05	0.63	-0.01	0.30	1.020	1
广西	0.14	-0.84	-0.41	0.42	-0.167	7
重庆	-0.64	-0.21	-0.74	0.39	-0.289	10
四川	-0.75	1.82	-0.79	0.42	0.180	4
贵州	-0.38	0.46	-0.88	0.31	-0.095	5
云南	-0.06	-0.01	-0.93	0.18	-0.159	6
西藏	-0.47	-1.16	0.13	-0.42	-0.465	12
陕西	-0.38	1.54	1.46	-0.64	0.433	3
甘肃	-0.19	-0.57	0.17	-0.05	-0.169	8
青海	0.17	-1.25	0.53	-0.32	-0.224	9
宁夏	-0.24	-0.68	-0.17	-0.32	-0.322	11
新疆	0.312	-0.704	2.305	-0.111	0.447	2

同理，根据各地区资源水平的因子综合得分，将西部 12 个省份划分为不同等级类型，结果如表 4-38 所示。

表 4-38　　　　西部地区资源产业发展水平等级类型划分

等级类型	地区	综合因子得分
领先型	内蒙古	>1
追赶型	新疆、陕西、四川	0—1
潜力型	贵州、云南、广西、甘肃	-0.2—0
后进型	青海、重庆、宁夏、西藏	<-0.2

（二）西部地区资源产业发展水平聚类

依据资源水平的 4 个公共因子得分，对西部 12 个省份进行聚类分析，聚类分析谱系如图 4-5 所示。

聚类分析结果表明，西部 12 个省份资源水平可以分为六类：第一类，内蒙古；第二类，新疆、陕西、四川；第三类，贵州、云南、广西、重庆；第四类，甘肃、青海、宁夏、西藏（见表 4-39）。

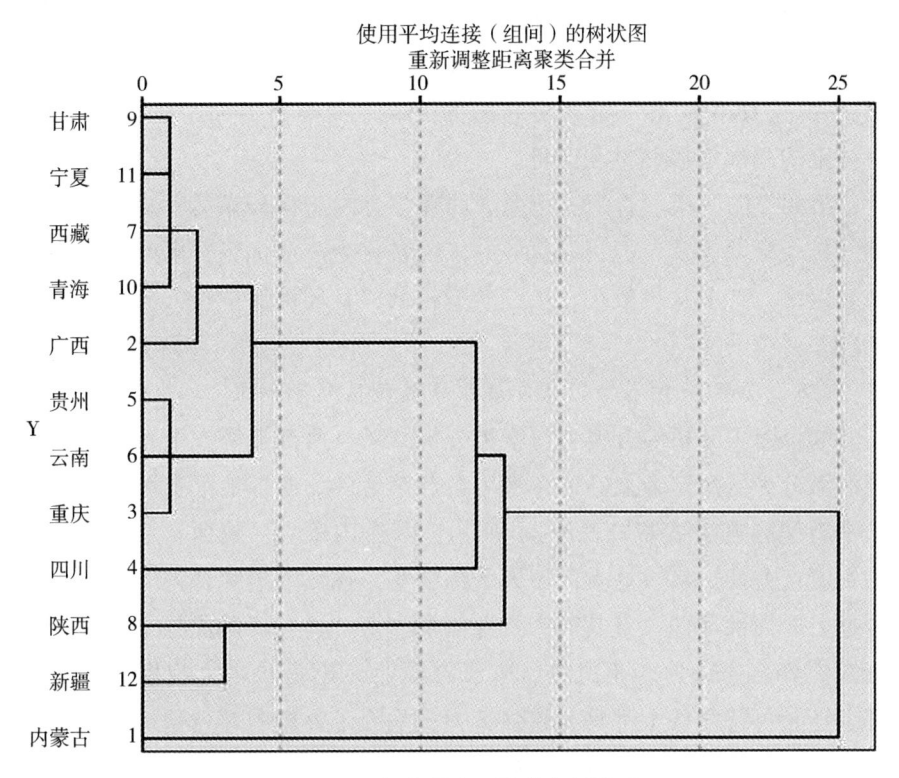

使用平均连接(组间)的树状图
重新调整距离聚类合并

图 4-5　西部资源水平聚类分析谱系

表 4-39　西部地区资源产业发展水平聚类分析结果

类别	地区
第一类	内蒙古
第二类	新疆、陕西、四川
第三类	贵州、云南、广西、重庆
第四类	甘肃、青海、宁夏、西藏

除甘肃、重庆以外，西部其他省份资源水平聚类分析与因子分析结果在综合得分上具有一致性。内蒙古矿产资源丰富，矿产资源业在产业规模、生产效率以及矿山环境保护上极具实力，综合因子得分为 1.02，远远大于西部其他省份，聚类分析单列为一类。第二类的新疆、陕西、四川综合因子得分均大于 0，位列西部第 2—4 位。三者的结构共性在于，石油、煤矿等矿产资源储量丰富，矿产资源业具有一定规模实力与

生产效率，劳动生产率、就业人数较高，但是矿山环境保护力度不足。第三类的贵州、云南、广西、重庆综合实力具有一定差距，分别居西部第5—7位及第10位。聚类分析归为一类主要是各方面水平较为接近，有一定的基础资源储量和产量。

第四类的甘肃、青海、宁夏、西藏综合因子得分靠后，这类地区非油气矿产资源丰富，但资源优势并未能转化为产业优势，矿产资源业发展较迟缓，产业规模较小，生产效率较低，且环境保护投入与治理效果均较差。

（三）西部地区资源产业发展水平类型区甄别结果

综合因子分析综合实力与聚类分析结果，西部资源产业发展水平类型区可分为资源产业发达区、潜力区和落后区。西部地区资源产业发展水平类型区甄别结果如表4-40所示，其中内蒙古、陕西、新疆、四川为资源产业发达区，这类区域因子综合实力强，因子综合得分为正，综合排名居西部前四，且其矿产资源储量丰富，具有资源优势，同时能将资源优势充分转为产业优势，矿产资源业无论是从生产规模、生产效率、还是可持续性上都具有较强实力，是因子分析中领先型地区，但在结构上具有一定差异，各具优势，聚类分析中各为一类区域。贵州、甘肃、广西、云南、重庆为资源产业潜力区。这类地区部分矿产资源储量丰富，但是未能充分开发和有效利用矿产资源，矿产资源业在规模、效率以及可持续性上具有一定劣势，需要进一步优化产业发展模式，才能有效促进产业规模及其生产效率的提高。青海、宁夏、西藏为资源产业落后区，这类地区部分矿产资源丰富，但是由于经济基础不高，矿产资源业也相对落后，急需加强资源的开发利用。

表4-40　　西部地区资源产业发展水平类型区甄别结果

区域类型	地区	因子得分、排名、等级类型	聚类分析结果
资源产业发达区	内蒙古、陕西、新疆、四川	>0，第1—4名，领先型、追赶型	第一类至第二类
资源产业潜力区	贵州、甘肃、广西、云南、重庆	-0.3—0，第5—8名、第10名，潜力型、后进型	第三类、第四类
资源产业落后区	青海、宁夏、西藏	<-0.2，第9、11、12名，后进型	第四类

第五章

西部地区产业及产业链分析

本书是从区域产业链角度研究西部地区产业联动发展，因此，对西部地区产业及产业链的剖析极为重要。本章首先结合相关指标量化分析西部三次产业，然后选取西部地区最主要和具有代表性的产业链进行分析，揭示西部产业及产业链发展中存在的深层次问题，进一步证明了西部地区需要产业联动发展的必要性和迫切性，也为设计基于区域产业链的西部产业联动发展机制与模式奠定现实基础。

第一节 西部地区产业分析

一 西部地区第一产业分析

利用2016年《中国统计年鉴》农林牧渔业总产值的相关数据计算西部整体及各省份农、林、牧、渔业的区位商如表5-1所示。可以看出，总体来说，西部地区农业、林业和牧业区位商均大于1，具有一定的优势，而渔业的区位商仅为0.317，劣势明显。

表5-1　　2015年西部整体及各省份第一产业区位商

地区	农业	林业	牧业	渔业
西部整体	1.086	1.075	1.098	0.317
内蒙古	0.957	0.872	1.517	0.110
广西	0.950	1.805	0.977	1.008
重庆	1.105	0.839	1.123	0.424
四川	0.971	0.779	1.418	0.325
贵州	1.202	1.213	0.873	0.201
云南	1.011	2.262	1.096	0.238

续表

地区	农业	林业	牧业	渔业
西藏	0.845	0.339	1.811	0.013
陕西	1.261	0.650	0.850	0.083
甘肃	1.351	0.401	0.583	0.013
青海	0.844	0.559	1.783	0.086
宁夏	1.196	0.580	0.915	0.322
新疆	1.328	0.458	0.833	0.076

资料来源：根据2016年《中国统计年鉴》计算。

(一) 西部地区农业分析

西部地区的农业虽然整体上具有一定的竞争优势，但各省略有差距。其中，农业在全国具有相对较大优势的是甘肃、新疆、陕西和贵州，区位商分别为1.351、1.328、1.261和1.202，宁夏、重庆、云南农业的区位商均大于1，略有优势，而四川、内蒙古、广西、西藏和青海农业的区位商均小于1，不具有优势。从主要农产品的产量来看，2015年，西部地区粮食总产量占全国总产量的26.6%，四川和内蒙古的粮食产量最高，分别为3442.8万吨和2827万吨，两省份粮食产量占西部粮食总产量的38%。云南、广西、新疆、陕西、甘肃、重庆的粮食产量都在1000万吨以上。粮食产量最少的是宁夏、青海和西藏。西部地区棉花产量占全国棉花总产量的64.2%，新疆是全国最主要的棉花产区，2015年棉花产量350.3万吨，占西部总产量的97.3%，占全国总产量的62.5%。西部地区油料生产分散，但规模都不大，产量也不高，西部地区油料总产量仅占全国的29.5%，其中，四川和内蒙古的油料产量居西部地区前两位，分别占西部地区油料总产量的29.5%和18.6%。西部地区的甘蔗产地主要集中在广西和云南，其中广西的甘蔗产量最高，居全国第一位，占全国甘蔗总产量的64%。西部地区的甜菜产量占了全国总产量的86.5%。甜菜的产地主要在新疆和内蒙古，其甜菜产量分别占全国总产量的55.8%和28.6%。西部烟叶产量占全国烟叶总产量的60.5%，云南和贵州是全国烟叶最大的产区，产量分别占全国总产量的54%和32.7%。西部地区茶叶和水果产量分别占全国总产量的39.4%和32.2%，其中，茶叶产区主要集中在云南和四川，产量分别占西部茶叶总产量的41.3%和28%。西部地区水果产量最高的地区是陕西、广西和新疆,分别占西部地区水果总产量的 21.9%、19.5 和 18.5%,四川和云南的水果产量分别排在西部地区的第四位和第五位。调研发现,西部地区虽然从农业产量和产值来看,具有一定的优势,但是,农业现代化进程较缓,农业机械化水平不高,农民人均农产品产量与发达地区差距较大。

表 5-2　　　　　　　西部地区主要农产品产量　　　　　单位:万吨

地区	粮食	棉花	油料	甘蔗	甜菜	烟叶	茶叶	水果
内蒙古	2827	0	193.6	0	230.1	1.2	0	296.7
广西	1524.8	0.3	64.7	7504.9	0	2.8	6.4	1720
重庆	1154.9	0	59.9	9.8	0	8.7	3.5	375.9
四川	3442.8	1	307.6	54	0.1	22.2	24.8	934.2
贵州	1180	0.1	101.3	156.1	0	35	11.8	224.9
云南	1876.4	0	65.9	1930	0	92.8	36.6	726.5
西藏	100.6	0	6.4	0	0	0	0	1.5
陕西	1226.8	3.9	62.7	0.1	0	7.3	5.4	1930.9
甘肃	1171.1	4.3	71.6	0	16	1.2	0.1	679
青海	102.7	0	30.5	0	0	0	0	3.6
宁夏	372.6	0	15.3	0	0	0.2	0	298.9
新疆	1521.3	350.3	62.9	0	448.3	0	0	1635
西部总和	16501	359.9	1042.4	9654.9	694.5	171.4	88.6	8827.1

资料来源:2016 年《中国统计年鉴》。

(二) 西部地区林业分析

西部地区林业在全国具有优势的是云南、广西和贵州,林业的区位商分别为 2.262、1.805 和 1.213,其余地区林业的区位商都低于 1,新疆仅为 0.458,劣势明显。因地形和气候因素影响,西部的林特产品大多集中在云南、广西、贵州、四川、重庆和陕西,这几个省份物种资源十分丰富,林产品不仅品种多样而且产品产量高,内蒙古、西藏、甘肃、青海、宁夏、新疆主要林产品的产量几乎为零。2015 年西部各省份主要林产品的产量如表 5-3 所示。六种主要的林产品中,除木材和油茶籽外,橡胶、松脂、生漆和油桐籽的产量都占到全国总产量的一半以上,分别为 53.8%、57.5%、63.5% 和 54.1%。西部地区木材产量占全国木材总产量的42.25%,其中,广西的木材产量最高,为2105.7万立方米,占西部地区木材总产量的69.2%。西部地区仅云南和广西产橡胶,其中,云南橡胶产量为439290吨,居全国首位,占全国橡胶总产量的53.8%。广西的松脂产量全国第一,占全国总产量的45.8%。云南的松脂产量在西部地区排第二,占全国总产量的10%。贵州和陕西的生漆产量排在西部前两位,其中,贵州生漆产量8600吨,占全国总产量的37.7%,居全国第一。广西和贵州的油桐籽产量居全国第一和第三,分别占全国总产量的20.2%和16.58%。西部地区油茶籽产量仅占全国总产量的14.58%,其中,广西的油茶籽产量占全国总产量的8.86%,居全国第三。综合来看,广西和云南是西部地区林业最具竞争力的省(区),其次是贵州和四川。

表5-3　　　　　　　　西部各省份主要林产品产量

地区	木材（万立方米）	橡胶（吨）	松脂（吨）	生漆（吨）	油桐籽（吨）	油茶籽（吨）
内蒙古	142.6	0	0	0	0	0
广西	2105.7	117	607547	43	83214	191670
重庆	50.1	0	30	1194	6450	5302
四川	169.7	0	1282	489	17934	20708
贵州	175.3	0	17869	8600	68312	71790
云南	348.5	439290	134474	685	19343	16944
西藏	4.2	0	0	0	0	0
陕西	6.8	0	1588	3445	27764	9085
甘肃	3.4	0	0	35	52	0
青海	1.2	0	0	0	0	0
宁夏	1	0	0	0	0	0
新疆	33.9	0	0	0	0	0
西部总和	3042.4	439407	762790	14491	223069	315499

资料来源:2016年《中国统计年鉴》。

(三) 西部地区牧业分析

西部地区草地资源较丰富,畜牧业在西部国民经济中占比较大,是西部地区少数民族主要集聚区赖以生存的基础产业,一半的西部各省份牧业的区位商都大于1,其中,西藏、青海、内蒙古和四川的区位商分别为1.811、1.783、1.517和1.418，在全国具有明显的优势，重庆、云南牧业的区位商也大于1。西北的新疆和甘肃曾经是我国传统牧区和重要的畜牧业基地，其畜牧业区位商却小于1，在全国畜牧业中的重要地位已发生动摇。西部各省份主要畜产品产量如表5-4所示。内蒙古的肉类、奶类、羊毛和羊绒，四川的肉类、禽蛋和蜂蜜，陕西的奶类、羊毛和羊绒，甘肃的绵羊毛，新疆的奶类、羊毛和羊绒在全国具有较强的竞争力。应该注意的是，西北地区的畜牧业以牛羊为主，西南地区则以猪和家禽为主。从畜产品产量来看，西部的绵羊毛和山羊绒的产量都占到全国总产量的70%以上。其中，内蒙古是全国最重要的绵羊毛、山羊毛和山羊绒产区，产量分别占全国总产量的29.75%、27.77%和43.5%，居全国首位。新疆和西藏的绵羊毛产量分别居全国第二位和第三位。调研发现，目前西部地区畜牧服务业发展相对落后，畜产品的生产、收购、加工、销售等环节没有得到很好的衔接。

表5-4　　　　　　　　西部各省份主要畜产品产量

地区	肉类（万吨）	奶类（万吨）	绵羊毛（吨）	山羊粗毛（吨）	山羊绒（吨）	禽蛋（万吨）	蜂蜜（万吨）
内蒙古	245.7	216.3	127186.5	10262.4	8380.1	56.4	0.4
广西	417.3	276.4	0	0	0	22.9	1.4
重庆	213.8	168.8	3	0	0	45.4	1.9
四川	706.8	574.1	6375	583	143	146.7	4.8
贵州	201.9	181.7	537.4	70.4	8.5	17.3	0.3
云南	378.3	337.8	1369	96	8	26	1
西藏	28	26.3	7686.8	826	962.4	0.5	0
陕西	116.2	106.1	5934.5	2371.9	1971.8	58.1	0.7
甘肃	96.3	89.2	32152	1988	398	15.3	0.2
青海	34.7	33.4	17365	888	422	2.3	0.2
宁夏	29.2	26.9	10048	853	532	8.8	0.1
新疆	153.2	129	96862.4	3016.4	1218.3	32.6	1.1

资料来源：2016年《中国统计年鉴》。

（四）西部地区渔业分析

西部地处内陆，虽然国土面积广阔，但是内陆水域养殖面积占全国的比例只有1/7左右；同时西部内陆水产养殖的单位面积产量明显低于全国平均水平。广西作为西部地区唯一临海的省份，其渔业发展水平勉强居于全国平均水平，2015 年，仅广西的区位商为 1.008，其他省渔业的区位商均在 0.5 以下，西藏、陕西、甘肃、青海、新疆渔业的区位商都在 0.1 以下。从产量来看，西部地区水产品总量仅占全国的 10.34%。海水产品只有广西才有，占全国总量的 5.27%。淡水产品主要在广西和四川，但是产量都很少，远远低于全国平均水平。无论是海水产品还是淡水产品，西部都需要从中部和东部大量输入。西部各省份主要水产品产量如表 5-5 所示。

表 5-5　　　　　　　西部各省份主要水产品产量　　　　　　单位：万吨

地区	水产品总量	海水产品	淡水产品
内蒙古	15.4	0	15.4
广西	345.9	179.7	166.2
重庆	48.1	0	48.1
四川	138.7	0	138.7
贵州	25	0	25
云南	69.7	0	69.7
西藏	0	0	0
陕西	15.5	0	15.5
甘肃	1.5	0	1.5
青海	1.1	0	1.1
宁夏	17	0	17
新疆	15.1	0	15.1

资料来源：2016 年《中国统计年鉴》。

综上所述，内蒙古、云南、新疆、广西、四川、陕西和贵州的第一产业较西部其他地区总体上较为发达。其中四川、云南、贵州和广西四省份，由于多山区、高原的地理环境以及潮湿、温和的气候环境，具备丰富的农林业资源，形成了一批具有比较优势和市场潜力的农产品，如云南、贵州的药材、茶叶、烟叶等，广西的甘蔗、水果等，四川的杂粮、花卉等。而内蒙古和新疆地处西北、幅员辽阔，农牧业独具优势，其棉花、牛羊产量等在全国具备较强的竞争优势。由此，西部不同省份由于地形、气候等影响，具备不同的优势产业，各省份应依据各自的比较优势进行产业分工与合作,构建具有西部特色的农业产业链,从而在整体上提升西部地区农林牧业的竞争力。

二 西部地区第二产业分析

2015年西部地区第二产业增加值为64735.9亿元,占全国第二产业增加值的20.18%,其中,工业增加值为51666.34亿元,建筑业的增加值为13354.02元①。根据本书的研究目标和侧重点,这里主要研究西部第二产业中的工业(包括采矿业、制造业和电力、热力生产供应业)2000—2015年的发展状况、集聚特征和演进态势。统计数据来自2001—2016年的《中国工业统计年鉴》。十五年间,国家统计局对工业统计的行业口径略有调整和修正,为了尽可能保证统计数据的准确性和一致性以及表格的简洁性,将其中的部分行业进行了适当合并,最终确定的25个工业行业及其简称代码如表5-6所示。

表5-6 工业行业简称代码

简称代码	所代表的工业行业	简称代码	所代表的工业行业
G1	煤炭开采和洗选业	G13	化学原料和化学制品制造业
G2	石油和天然气开采业	G14	医药制造业
G3	黑色金属矿产采选业	G15	化学纤维制造业
G4	有色金属矿产采选业	G16	非金属矿物制品业
G5	非金属矿产采选业	G17	黑色金属冶炼和压延加工业
G6	农副食品加工业、食品制造业	G18	有色金属冶炼和压延加工业
G7	酒、饮料和精制茶制造业	G19	金属制品业
G8	烟草制品业	G20	通用设备制造业、专用设备制造业
G9	纺织业	G21	汽车制造业、交通运输设备制造业
G10	纺织服装、服饰业 皮革、毛皮、羽毛及其制品和制鞋业	G22	电气机械和器材制造业
		G23	计算机、通信和其他电子设备制造业
G11	造纸及纸制品业	G24	仪器仪表制造业
G12	石油加工、炼焦和核燃料加工业	G25	电力、热力生产和供应业

---

① 数据来源:2016年《中国统计年鉴》。

(一) 西部地区优势工业细分行业分析

为了研究西部大开发以来西部地区工业的态势及区域优势产业,采集 2000—2015 年,西部地区各省份工业细分行业的数据,计算西部地区工业细分行业区位商,由于篇幅所限,这里只呈现 2000 年、2005 年、2010 年、2015 年的计算结果,见表 5-7。

表 5-7　西部地区 2000—2015 年工业细分行业区位商

年份 行业简称代码	2000	2005	2010	2015
G1	1.372	1.619	2.331	2.947
G2	1.845	2.594	2.588	3.477
G3	1.089	1.472	1.286	1.67
G4	2.755	2.503	2.257	2.152
G5	—	1.266	1.679	1.771
G6	1.025	1.276	1.185	1.074
G7	1.564	1.96	2.074	2.108
G8	3.533	3.158	2.431	2.178
G9	0.528	0.419	0.45	0.425
G10	—	0.081	0.164	0.264
G11	0.763	0.602	0.708	0.718
G12	0.718	1.218	1.279	1.248
G13	1.004	1.031	0.871	0.809
G14	1.389	1.433	1.142	0.999
G15	0.307	0.273	0.343	0.292
G16	1.027	0.97	1.091	1.106
G17	1.254	1.146	1.072	1.124
G18	2.228	2.069	1.65	1.464
G19	0.374	0.305	0.473	0.589
G20	0.64	0.682	0.663	0.59
G21	1.09	1.169	0.991	1.041
G22	0.427	0.417	0.49	0.521
G23	0.46	0.204	0.284	0.692
G24	0.481	0.363	0.378	0.402
G25	1.405	1.49	1.465	1.451

资料来源:根据 2001—2016 年《中国工业统计年鉴》数据计算而得。

从 2000—2015 年西部地区工业细分行业区位商数据不难看出,总体来说，西部地区一半以上的工业细分行业的区位商大于1，有一部分产业的区位商甚至在2以上，在全国具有明显的比较优势，其中，西部最具有比较优势的是采矿业，其次是烟酒制品业，再次是有色金属冶炼和压延加工业。西部地区采矿业在全国占有较大的比较优势，而且从2000年至2015年，优势总体呈现不断增强的趋势，煤炭开采和洗选业的区位商从1.372增加到2.947，石油和天然气开采业从1.845增加到3.477，黑色金属矿产采选业从1.089增加到1.67，非金属矿产采选业从2005年的1.266增加到1.771，采矿业中，有色金属矿产采选业的优势最明显，从2000年至2015年区位商一直在2以上，但是，其优势呈现缓慢减弱的趋势，区位商从2000年的2.755下降到2015年的2.152。西部地区制造业的不同细分行业差异较大而且发展趋势也有所不同，其中，食品加工和制造业、酒、饮料制造业、石油加工和炼焦业等资源和劳动密集型产业的区位商不仅大于1，而且15年来一直处于不断上升趋势。烟草制品业是西部的优势产业，但是近15年以来区位商一直处于下降趋势，从2000年的3.533下降到2015年的2.178。有色金属冶炼和压延加工业是西部地区传统的优势产业，但是15年来区位商也一直处于下降趋势，从2000年的2.228下降到2015年的1.464。医药制造业的区位商也处于下降趋势，从2000年的1.389下降到2015年的0.999。区位商低于1而且15年来呈现下降趋势的行业有：纺织业、造纸及纸制品业、仪器仪表制造业。化学纤维制造业、金属制品业、电气机械和器材制造业、仪器仪表制造业等产业的区位商一直低于1，区位商15年来虽有波动但是波动不大，非金属矿物制品业、汽车制造业、交通运输设备制造业的区位商则在1附近徘徊。西部地区电力、热力生产和供应业区位商一直保持在1.4和1.5之间，具有稳定的优势。

综上分析，采矿业和资源劳动密集型制造业是西部地区具有比较优势的产业，而且区位商总体呈上升趋势；矿产资源深加工和技术密集型的制造业则相对较弱，区位商或者小幅波动或者呈下降趋势。

(二) 西部地区工业发展省际竞争优势差异分析

为了研究西部地区工业发展的省际差异，利用西部12个省份2015年经过合并处理的25个工业细分行业的数据，计算西部各省份工业细分行业区位商，由于篇幅所限，这里只呈现各细分行业区位商大于1的省份，如表 5-8 所示。

表 5-8　2015 年西部地区 25 个工业细分行业区位商大于 1 的省份

行业简称代码	1<区位商<2 的省份	区位商>2 的省份
G1	四川、云南、甘肃、新疆	内蒙古、贵州、陕西、青海、宁夏
G2	四川	内蒙古、陕西、甘肃、青海、新疆
G3	广西、云南、甘肃、新疆	内蒙古、四川、西藏、青海
G4	四川、甘肃、新疆	内蒙古、广西、云南、青海、西藏
G5	重庆、四川、云南、陕西、甘肃	内蒙古、广西、贵州、青海
G6	内蒙古、广西、四川、新疆	青海
G7	广西、云南、陕西、甘肃	四川、贵州、西藏、青海
G8	广西、陕西	云南、贵州、青海、甘肃
G9	宁夏	—
G10	—	—
G11	广西、西藏	
G12	—	陕西、青海、新疆、甘肃、宁夏
G13	云南、青海、宁夏、新疆	
G14	重庆、四川、贵州、云南、陕西	西藏、青海
G15	新疆	—
G16	广西、四川、贵州、陕西	西藏、青海
G17	内蒙古、贵州、云南、甘肃、宁夏	广西、青海
G18	内蒙古、广西、陕西、宁夏	云南、甘肃、新疆
G19	青海	—
G20	四川	—
G21	广西	重庆
G22	—	—
G23	重庆、四川	—
G24	—	—
G25	广西、四川、贵州、陕西、甘肃	内蒙古、云南、西藏、青海、宁夏、新疆

资料来源：根据 2016 年《中国工业统计年鉴》数据计算得出。

分析发现，内蒙古采矿业的五个细分行业的区位商都大于 2，具有绝对的优势，煤炭开采和洗选业的区位商高达 7.9，有色金属矿采选业为 5.4，石油和天然气开采业为 4.99，黑色金属矿产开采业为 4.32。此外，内蒙古在农副产品加工、食品制造业、黑色和有色金属冶炼和压延加工业的区位商介于1和2之间，其中，在有色金属冶炼和压延加工业的区位商为1.75，优势明显。广西的优势工业产业主要集中在黑色金属矿产采选业，有色金属矿产采选业，非金属矿产开采业，农副食品加工业、食品制造业，非金属矿物制品业，黑色金属冶炼和压延加工业以及交通运输设备制造业。重庆的优势产业主要集中在非金属矿产开采业，汽车制造业及交通运输设备制造业，计算机、通信和其他电子设备制造业，其中，重庆汽车制造业及交通运输设备制造业的区位商为3.39，产业优势尤为突出，该行业一直是重庆重要的工业支柱行业。四川的优势行业集中在天然气开采业、黑色金属矿采矿业、非金属矿产开采业和酒业。贵州的优势工业产业主要集中在煤炭开采和洗选业、非金属矿产开采业、酒业和烟草制品业，区位商分别为8.29、4.02、5.16和4.25。云南最突出的优势产业是有色金属矿产采选业、烟草制品业和有色金属冶炼和压延加工业，区位商分别为3.8、18.68、3.06。西藏的优势产业主要是黑色金属矿开采业、有色金属矿采选业和非金属矿物制品业，区位商分别为2.26、22.69和3.97。西藏的工业发展极不平衡，虽然在以上三个行业具有绝对优势，但是，其他工业行业都非常弱，好几个工业产业为空白。陕西的优势行业是煤炭开采和洗选业、石油和天然气开采业、金属矿产采选业、石油加工、炼焦业和有色金属冶炼和压延加工业，其中，煤炭开采和洗选业、石油和天然气开采业的区位商为5.45和9.19，优势尤为突出。甘肃的优势工业产业是石油和天然气开采业、烟草制品业、石油加工、炼焦业、黑色金属冶炼和压延加工业、有色金属冶炼和压延加工业。青海采矿业的五个细分行业的区位商都大于2，具有绝对的优势，其中，石油和天然气开采业的区位商高达19.9。青海的农副产品加工业、饮料制品业、烟草制品业、石油加工、炼焦业、医药制造业、非金属矿物制品业、黑色金属冶炼和压延加工业、有色金属冶炼和压延加工业也具有优势，其中，石油加工、炼焦业和有色金属冶炼和压延加工业的区位商高达10.68和13.93。宁夏的优势工业细分行业是煤炭开采和洗选业、纺织业和石油加工、炼焦业和有色金属冶炼和压延，区位商分别为6.32、1.63、4.24和1.85。新疆的优势工业产业是煤炭开采和洗选业、石油和天然气开采业、黑色金属矿产采选业、石油加工、炼焦业和有色金属冶炼和压延加工业，其中，石油和天然气开采业区位商高达14.73，在全国具有绝对的优势。除重庆以外，西部其余十一个省份电力、热力生产和供应的区位商都大于1，其中，内蒙古、云南、西藏、青海、宁夏、新疆六个省份的区位商大于2。

总的来看，采矿业及资源加工产业是西部大部分省份的优势工业产业，而资本和技术密集型制造业则是西部地区大部分省份的短板，从2015年的数据来看，西部12个省份电气机械和器材制造业和仪器仪表制造业的区位商都小于1，计算机通信电子设备制造业仅重庆和四川的区位商大于1，分别为1.82和1.2。汽车制造和交通运输设备制造业仅重庆和广西具有优势，区位商分别为3.39和1.49。总之，西部地区具有竞争优势的产业集中在与自然资源相关的行业部门，各个省市区均具有本地的优势产业，个别产业具有较大的规模优势和竞争优势。但是西部优势产业主要分布在产业链的初级环节，产业链条短，可持续性不强。为长远发展考虑，西部地区工业产业发展的重点应该注重产业的转型升级、向技术密集型产业和资源深加工产业发展。同时，西部各省应继续专注于本地的优势产业，进行专业化生产，通过与西部其他地区进行产业链的分工与合作，实现协同效应、实现可持续健康发展。

(三) 西部地区工业集聚情况分析

为了分析西部地区工业集聚水平及集聚趋势，利用2000—2015年西部地区各省份工业细分行业的数据，计算西部地区工业细分行业的空间基尼系数，由于篇幅所限，这里只呈现2000年、2005年、2010年、2015年的计算结果，见表5-9。

表5-9　　2000—2015年西部地区工业行业的空间基尼系数

行业简称代码	2000年	2005年	2010年	2015年
G1	0.054	0.065	0.082	0.113
G2	0.220	0.221	0.172	0.125
G3	0.047	0.058	0.057	0.057
G4	0.097	0.082	0.054	0.075
G5	—	0.024	0.025	0.015
G6	0.038	0.036	0.019	0.009

续表

行业简称代码	2000 年	2005 年	2010 年	2015 年
G7	0.115	0.106	0.093	0.078
G8	0.290	0.290	0.273	0.268
G9	0.044	0.038	0.036	0.032
G10	—	0.041	0.056	0.032
G11	0.027	0.030	0.038	0.024
G12	0.209	0.159	0.112	0.071
G13	0.010	0.014	0.007	0.005
G14	0.020	0.017	0.018	0.01
G15	0.097	0.156	0.204	0.235
G16	0.008	0.015	0.016	0.008
G17	0.042	0.016	0.010	0.019
G18	0.058	0.051	0.047	0.053
G19	0.005	0.031	0.038	0.012
G20	0.024	0.035	0.055	0.046
G21	0.147	0.132	0.122	0.11
G22	0.023	0.035	0.018	0.015
G23	0.154	0.106	0.156	0.103
G24	0.136	0.121	0.104	0.087
G25	0.013	0.012	0.015	0.013

注：—表示数据缺失。

资料来源：根据 2001—2016 年《中国工业统计年鉴》数据计算。

从表 5-9 可以看出，西部各工业行业空间基尼系数都较小，除了几个行业的空间基尼系数大于 0.1，其他行业均小于 0.1，有的甚至低于 0.01，这说明西部地区制造业的集聚程度较低，集约化水平不高；以 2015 年空间基尼系数为例，空间基尼系数在 0.1 以上的行业依次是：烟草制品业（0.268），化学纤维制造业（0.235），石油和天然气开采业（0.125），煤炭开采和洗选业（0.113），汽车制造业、交通运输设备制造业（0.11），计算机、通信和其他电子设备制造业（0.103）。这表明西部地区产业集聚度相对较高的产业基本上属于资源密集型产业（如烟草制品业、石油天然气开采业、煤炭开采和洗选业）和技术密集型产业（如汽车制造业、交通运输设备制造业，计算机、通信和其他电子设备制造业）。而食品加工及制造业等传统劳动密集型轻工业的基尼系数很低，通过进一步比较我们发现资源开采型产业的基尼系数普遍比资源加工型产业的基尼系数高。

从发展趋势来看，西部大开发以来，煤炭开采和洗选业，黑色金属矿产采选业，化学纤维制造业，金属制品业，通用设备制造业、专用设备制造业的集聚水平呈现持续上升趋势，这些行业2015年的集聚水平大都为2000年集聚水平的2倍左右；石油和天然气开采业，农副食品加工业，食品制造业、酒、饮料和精制茶制造业，烟草制品业，石油加工、炼焦和核燃料加工业，医药制造业，黑色金属冶炼和压延加工业，汽车制造业、交通设备制造业，仪器仪表制造业的集聚水平持续下降，但下降幅度有所不同，其中，农副食品加工业，食品制造业，石油加工、炼焦和核燃料加工业，黑色金属冶炼和压延加工业下降幅度最大，2015年的集聚水平仅为2000年集聚水平的一半左右，其他产业则降幅不大。此外，有色金属矿产采选业，非金属矿产采选业，造纸及纸制品业，化学原料和化学制品制造业，非金属矿物制品业，有色金属冶炼和压延加工业，电气机械和器材制造业，计算机、通信和其他电子设备制造业，电力、热力生产和供应业的集聚水平上下小幅波动。总的来看，西部大开发以来，西部地区传统的具有比较优势的资源开采型工业和能源产业的聚集水平是上升的，而劳动密集型轻工业和资源加工型产业的聚集程度有所下降，这反映出西部作为资源富集的区域，没有能够真正将资源优势转变成竞争优势，而是成为资源的输出地。

综上所述，西部地区矿产资源开采型和加工型产业空间基尼系数均不高，表明西部地区对矿产资源的开发和利用没有形成强集聚优势；同时，资源开采型产业比加工型产业集聚水平高，且集聚程度呈上升趋势，而矿产资源加工产业集聚呈现下降趋势，这表明西部资源产业向下游产业的拓展不够、深加工缺乏。部分传统优势产业的集聚程度本来就低还呈下降趋势，比较劣势进一步扩大。

（四）西部地区工业行业集中度分析

为了进一步分析西部工业细分行业区域集中情况，利用2000—2015年西部12个省份25个工业细分行业的工业产值数据计算西部地

区工业细分行业的区域集中度,即每个行业产值最大的三个省所占的比重之和,计算公式如下:

$$CR_{i3} = X_{i1} + X_{i2} + X_{i3} \quad (i=1, 2, 3, \cdots, 25) \quad (5-1)$$

其中,CR_{i3}表示i行业的区域集中度,X_{i1}、X_{i2}、X_{i3}分别表示占西部地区i行业总产值比重居第一位、第二位和第三位的地区的比重。由于篇幅所限,这里只呈现2000年、2005年、2010年、2015年的计算结果,见表5-10。

表5-10　　2000—2015年西部地区工业细分行业区域集中度

行业	2000年	2005年	2010年	2015年
G1	0.516（内蒙古、四川、陕西）	0.638（内蒙古、陕西、四川）	0.722（内蒙古、陕西、四川）	0.728（内蒙古、陕西、贵州）
G2	0.805（新疆、陕西、四川）	0.863（新疆、陕西、四川）	0.823（陕西、新疆、四川）	0.72（陕西、新疆、内蒙古）
G3	0.524（广西、四川、新疆）	0.625（内蒙古、四川、云南）	0.714（内蒙古、四川、云南）	0.707（内蒙古、四川、广西）
G4	0.675（广西、陕西、云南）	0.611（陕西、云南、内蒙古）	0.568（内蒙古、四川、陕西）	0.652（内蒙古、陕西、广西）
G5	—	0.597（四川、内蒙古、云南）	0.667（内蒙古、四川、陕西）	0.573（四川、内蒙古、广西）
G6	0.605（广西、四川、内蒙古）	0.697（四川、内蒙古、广西）	0.698（四川、内蒙古、广西）	0.603（四川、广西、内蒙古）
G7	0.679（四川、陕西、贵州）	0.706（四川、陕西、贵州）	0.691（四川、陕西、贵州）	0.712（四川、贵州、陕西）
G8	0.835（云南、贵州、四川）	0.776（云南、贵州、四川）	0.739（云南、贵州、四川）	0.723（云南、贵州、四川）
G9	0.620（四川、内蒙古、新疆）	0.645（四川、内蒙古、陕西）	0.705（四川、内蒙古、重庆）	0.632（四川、内蒙古、广西）
G10	—	0.671（四川、内蒙古、重庆）	0.728（四川、重庆、广西）	0.727（四川、重庆、广西）
G11	0.623（四川、广西、云南）	0.616（四川、广西、云南）	0.695（四川、广西、重庆）	0.7（四川、广西、重庆）
G12	0.858（新疆、甘肃、陕西）	0.799（新疆、甘肃、陕西）	0.678（新疆、甘肃、陕西）	0.543（陕西、新疆、甘肃）
G13	0.464（四川、云南、广西）	0.447（陕西、四川、云南）	0.527（四川、内蒙古、云南）	0.498（四川、内蒙古、广西）
G14	0.572（四川、陕西、重庆）	0.564（四川、陕西、贵州）	0.567（四川、陕西、贵州）	0.587（四川、陕西、重庆）

续表

行业	2000年	2005年	2010年	2015年
G15	0.787（四川、重庆、云南）	0.814（四川、甘肃、云南）	0.891（四川、新疆、云南）	0.907（四川、新疆、云南）
G16	0.525（四川、广西、重庆）	0.563（四川、广西、重庆）	0.604（四川、广西、内蒙古）	0.561（四川、广西、陕西）
G17	0.599（四川、内蒙古、贵州）	0.553（四川、内蒙古、广西）	0.531（四川、内蒙古、广西）	0.581（广西、四川、内蒙古）
G18	0.525（甘肃、云南、广西）	0.504（云南、甘肃、四川）	0.501（内蒙古、云南、甘肃）	0.414（甘肃、内蒙古、云南）
G19	0.482（四川、陕西、广西）	0.593（四川、重庆、陕西）	0.667（四川、重庆、内蒙古）	0.632（四川、重庆、内蒙古）
G20	0.633（四川、陕西、广西）	0.675（四川、陕西、重庆）	0.729（四川、陕西、重庆）	0.725（四川、陕西、重庆）
G21	0.736（重庆、陕西、四川）	0.765（重庆、四川、广西）	0.746（重庆、广西、陕西）	0.818（重庆、四川、广西）
G22	0.622（四川、陕西、广西）	0.692（四川、陕西、重庆）	0.591（四川、重庆、陕西）	0.596（四川、重庆、广西）
G23	0.865（四川、陕西、甘肃）	0.815（四川、陕西、内蒙古）	0.823（四川、陕西、重庆）	0.89（四川、重庆、广西）
G24	0.731（重庆、陕西、云南）	0.767（重庆、陕西、四川）	0.785（重庆、陕西、四川）	0.758（重庆、陕西、四川）
G25	0.414（四川、内蒙古、甘肃）	0.450（四川、内蒙古、贵州）	0.457（内蒙古、四川、贵州）	0.477（四川、内蒙古、云南）

注：—表示数据缺失。

资料来源：根据2001—2016年《中国工业统计年鉴》数据计算。

从表5-10可以看出，在西部地区25个工业细分行业中，仅3个产业的区域集中度介于40%和50%之间，其余23个产业的区域集中度都超过了50%，这表明西部地区内部产业发展存在不均衡。2015年，按照行业集中度从高到低排序前十位的是：化学纤维制造业（0.907），计算机、通信和其他电子设备制造业（0.89），汽车制造业、交通设备制造业（0.818），仪器仪表制造业（0.758），煤炭开采和洗选业（0.728），皮革、皮毛、羽毛及其制品和制鞋业（0.727），通用设备制造业、专用设备制造业（0.725），烟草制品业（0.723），石油和天然气开采业（0.72），酒、饮料和精制茶制造业（0.712）。可见，西部行业集中度较高的行业多为资本密集型行业、技术密集型行业（如汽车制造业、交通运输设备制造业，计算机、通信和其他电子设备制造业）以及部分资源开采型产业（如煤炭开采和洗选业，石油、天然气开采业等），而劳动密集型产业的区域集中度相比之下要低一些。

为了更清晰地了解西部地区各工业行业聚集地的分布情况和动态发展趋势，我们在表5-10中标出了2000年、2005年、2010年、2015年各工业行业产值排名前三的地区分布情况。可以看出，西部大开发以来，绝大多数工业行业的产值前三名的地区变化不大，而且除个别行业外，西部地区大多数制造业行业的聚集地分布在四川、陕西、重庆、广西、内蒙古、云南六个省份，这些地区也是西部地区经济发展最快的地区。从这6个省份工业排前三上榜次数可以看出，其累计上榜次数有上升的趋势（2000年58次，2005年66次，2010年和2015年各67次）。这说明自西部大开发以来，西部地区工业越来越向这6个省份集聚，产业发展地区之间的不均衡进一步拉大。

进一步分析发现，内蒙古工业排前三的行业由2010年的5个上升到2015年的11个，2000年内蒙古只在部分资源型产业上占据较大比重，后来随着其他资源不断被发现和利用，内蒙古作为资源大省的优势逐步显现。内蒙古煤炭开采业极具优势，煤炭储存量现居全国第一位；内蒙古黑色金属、有色金属、贵金属等金属矿产种类繁多，从而促进了黑色、有色和非金属矿采选业的发展；另外，丰富的自然资源促使内蒙古的绿色食品产业发展迅速，蒙牛乳业和伊利实业集团已成为国内著名的乳业集团。总之，内蒙古以煤炭、矿产、电力为主的能源产业发展迅猛，传统的农畜产品加工业持续发展，但是高科技产业发展相对不足。

变化较大的还有重庆市和陕西省，重庆市工业排前三的行业从2000年的5个上升到2015年的9个，主要原因是近些年来重庆的先进制造业（如计算机、通信和其他电子设备制造业、电气机械及器材制造业等）发展迅速，产业规模不断提升。其中，重庆的交通运输设备制造业具有较强的竞争力，该产业中的汽摩行业优势十分明显。而陕西省工业排前三的行业从2000年的12个下降到2015年的9个，部分原因在于广西和重庆的装备制造业发展迅猛，挤占掉陕西的位置，但陕西的装备制造业相比西部其他地区仍具有较强的比较优势，同时陕西在煤炭、石油、医药制造业等行业上具有较强的竞争优势。煤炭、石油、天然气作为陕西能源产业的三大主要产品，在陕西经济中占据主导地位，在全国具有突出的优势。陕西从总体上看是西部地区竞争力较强的省份，尤其是能源优势，为其工业发展提供能源基础，同时一些科技含量较高的行业在西部的排名靠前。

四川作为西部的资源大省和经济大省，25个工业细分行业规模有20个位于西部前三位，而且大多数行业是位列第一位；未进前三的5个行业中，除有色金属冶炼压延加工业以外，其他4个行业都排在西部地区第四位。这充分说明了四川的工业发展比较均衡全面，产业结构相对合理，整体工业具有相对均衡的实力和竞争力。其中，设备制造业，医药制造业，计算机、通信设备和其他电子设备制造业，电气机械和器材制造业等先进制造业的发展水平处于西部最高水平，在全国也具有一定的竞争力；同时，非金属矿物制品业，化学原料和化学制品制造业，酒、饮料和精制茶制造业，农副食品加工、食品制造业是四川的传统优势产业，也具有极强的竞争力。

广西有12个工业细分行业排在西部前三位，其中黑色金属冶炼和压延加工业产值在西部排第一。广西素有"有色金属之乡"之称，有着丰富的矿产资源；同时，广西糖料产量连续十多年稳居全国第一，是全国最大的食糖生产基地。近些年来，广西的先进制造业发展迅速，汽车制造业、交通运输设备制造业、计算机、通信和其他电子设备制造业等行业产值不断增加，竞争力逐渐显现。

云南在部分资源型产业上占据规模优势，如烟草加工业、黑色金属和有色金属产业。烟草制品业是云南的支柱产业，具有极强的竞争优势；云南具有丰富的矿产资源，有色金属矿是其最大的矿产资源优势。同时，云南在化学原料及化学制品制造业和化学纤维制造业上具有较大的竞争优势，这与云南丰富的生物资源密切相关。但从总体上看，云南优势竞争力行业基本体现在利用自身的自然资源方面，高科技产业发展相对落后。

贵州、甘肃、新疆在大多数行业上没有规模优势，但是在部分资源型产业上竞争优势较强，如贵州的酒、饮料和精制茶制造业和烟草制品业，甘肃的有色金属冶炼和压延加工业和石油加工、炼焦和核燃料加工业，新疆的石油和天然气开采业，石油加工、炼焦和核燃料加工业等。烟草制造业和酒业是贵州的支柱产业，对贵州经济贡献较大；另外，贵州是我国重要的能源基地，煤炭、水能资源较为丰富，电力行业发展强劲。有色金属冶炼工业和石油加工及炼焦工业是甘肃工业经济的支柱产业，竞争力十分突出。甘肃是国家石油储备基地，石油资源开采行业具有极强的竞争力。新疆石油、天然气资源储量丰富，为石油、天然气的开采和加工提供了坚实的资源基础。从整体上看，贵州、甘肃、新疆的工业优势集中于资源密集型产业，而高技术、高附加值产业发展相对落后。

值得注意的是，西藏、青海和宁夏在西部地区工业集聚地排名靠后，这些省份同时也是西部地区12个省份里面经济相对落后的地区。这说明产业集聚一方面带动了集聚地区的经济发展，另一方面也加剧了与其他落后地区的差距，造成区域经济发展的严重失衡。但这几个地区在一些细分的行业上还是具备较强的竞争优势，如宁夏的优质动力煤、青海的电解铝、地热资源等。西部地区工业细分产业在空间上具有较大的差异性，各个地区可以利用这些差异性进行分工与合作。

综上所述，西部行业集中度较高的行业多为资本、技术密集型行业以及部分资源开采型产业和自然资源深加工产业，而劳动密集型产业的集中度相比之下集中度较低。同时，西部地区制造业的聚集地主要分布在四川、陕西、重庆、广西、内蒙古、云南六个省份，其中四川作为西部的经济大省，绝大部分工业行业规模都位居西部前三位。而贵州、甘肃、新疆在部分资源型产业上竞争优势显著；西藏、青海和宁夏没有一个工业细分行业进入西部前三位。由此可知，西部地区工业在空间分布上具有较大的差异性和互补性，为西部进一步的分工与合作提供了条件。

三 西部地区第三产业分析

西部地区第三产业整体发展滞后，金融、信息传输、计算机服务和软件业等高附加值服务业起步较晚，但近年来发展迅速。本书将从区域角度分析各省份的第三产业的竞争优势。由于2002年颁布的《GB/T 4754—2002 国民经济行业分类》对第三产业的分类进行了重新调整，为了保持统计数据的一致性，本书研究2004年以来西部第三产业的发展变化情况。

表 5-11 2004—2015 年西部地区第三产业区位商

年份	交通运输、仓储和邮政业	批发和零售业	住宿和餐饮业	金融业	房地产业	其他服务业
2004	1.096	0.898	1.197	0.916	0.85	1.052
2005	1.103	0.897	1.195	0.9	0.832	1.059
2006	1.101	0.91	1.198	0.851	0.825	1.065
2007	1.106	0.926	1.247	0.772	0.831	1.078
2008	1.101	0.924	1.22	0.798	0.848	1.072
2009	1.14	0.9	1.265	0.917	0.776	1.07
2010	1.134	0.879	1.3	0.919	0.781	1.081
2011	1.136	0.87	1.294	0.961	0.802	1.066
2012	1.133	0.86	1.285	1.029	0.807	1.049
2013	1.133	0.854	1.285	1.048	0.786	1.054
2014	1.15	0.858	1.344	1.043	0.831	1.018
2015	1.128	0.859	1.35	1.024	0.836	1.025

资料来源：根据 2005—2016 年《中国第三产业统计年鉴》相关数据计算。

由表 5-11 可以看出，西部地区区位商大于 1 的第三产业有：交通运输、仓储和邮政业，住宿和餐饮业，金融业和其他服务业，其中住宿和餐饮业的区位商最高，具有较强的比较优势。金融业的区位商 2012 年以前一直小于 1，2012 年以后也只是略微大于 1，因此，西部地区的金融业虽然近年来发展迅速，但是竞争力并不强。从区位商的变动趋势来看，交通运输、仓储和邮政业，住宿和餐饮业和金融业的区位商总体上呈现不断提高态势，竞争力优势逐渐增强。而房地产、批发和零售业的区位商不仅小于 1，而且在波动中不断下降，表明这两个行业的比较劣势进一步扩大，竞争力进一步减弱。

进一步分析西部各省第三产业的发展差异。从表 5-12 可以看出，2015 年，西部地区第三产业增加值 62920.78 亿元，占全国第三产业增加值的 18.45%，占全国比重较小。第三产业增加值在西部排前三位的是四川、重庆和陕西，其中，四川第三产业增加值为 13127.72 亿元，远远高于西部其他省份。第三产业增加值最小的是西藏，为 552.16 亿元，仅为四川省的 4%。青海和宁夏第三产业的增加值分别排在西部地区的倒数第二位和第三位，不足四川省的 10%。可见，西部地区第三产业发展差距很大。从细分行业来看，交通运输、仓储和邮政业排前三的是四川、内蒙古和广西，三个省份共占 44.8% 的比重。批发和零售业排前三的是四川、内蒙古和陕西，三省份共占 46.5% 的比重。住宿和餐饮业排前三的是四川、内蒙古和云南，三省（区）共占 49.01% 的比重。金融业排前三的是四川、重庆和陕西，三省市共占 48.5% 的比重。房地产业排前三的是四川、重庆和陕西，三省份共占 54.6% 的比重。从区域发展差距来看，四川不仅第三产业在西部地区最发达，而且在第三产业的各个细分行业也都排在第一位，增加值远远大于其他省份。陕西省除了交通运输、仓储和邮政业、住宿和餐饮业外，其余的第三产业细分行业都排在西部前三位。重庆除了交通运输、仓储和邮政业、批发和零售业以外，其余第三产业细分行业都排在西部前三位。内蒙古只有交通运输、仓储和邮政业，住宿和餐饮业排在西部第三位，其余都处于中等水平。广西仅交通运输、仓储和邮政业排在西部第三位，其余细分行业都处于中等水平。西藏、青海和宁夏则在所有细分行业都分别排在倒数三名。

表 5-12　　　　　西部地区 2015 年第三产业的增加值　　　　　单位：亿元

地区	第三产业	交通运输、仓储和邮政业	批发和零售业	住宿和餐饮业	金融业	房地产业	其他服务业
内蒙古	7213.51	1087.32	1728.3	628.87	829.2	441.37	2471.59
广西	6520.15	803.1	1135.09	373.03	1018.01	657.3	2465.24
重庆	7497.75	761.31	1345.38	355.76	1410.18	847.72	2758.88
四川	13127.72	1219.77	1871.55	859.49	2202.23	1252.2	5542.08
贵州	4714.12	920.36	671.39	360.38	607.11	232.07	1849.58
云南	6147.27	304.49	1334.62	437.79	981.85	282.51	2756.63
西藏	552.16	31.76	67.7	32.08	68.05	29.33	320.52
陕西	7342.1	713.02	1504.04	432.02	1082.37	695.53	2796.19
甘肃	3341.46	274.65	508	196.37	443.12	244.82	1618.86
青海	1000.81	90.55	154.78	43.27	220.87	53.59	434.09

续表

地区	第三产业	交通运输、仓储和邮政业	批发和零售业	住宿和餐饮业	金融业	房地产业	其他服务业
宁夏	1294.41	200.66	136.97	51.31	256.38	97.05	538.02
新疆	4169.32	536.06	523.58	155.62	563.8	285.38	1961.96
小计	62920.78	6943.05	10981.4	3925.99	9683.17	5118.87	25513.64

资料来源：2016年《中国第三产业统计年鉴》。

总体来说，西部地区的第三产业在全国的竞争优势不明显，尤其是现代服务业，主要原因在于西部地区长期以来以重工业为主，对区内第三产业的投资不足，影响到第三产业的发展。同时，西部较低的城镇化水平、人均收入、劳动力素质等都会影响西部地区第三产业的发展，尤其是现代服务业的发展。

具体来看，西部的交通运输、仓储和邮政业的区位商大于1且比较优势呈扩大趋势，这可能与西部大开发以来国家加强对西部基础设施建设有关。传统服务业中的住宿和餐饮业的区位商大于1且呈持续增加，具有一定的竞争优势；批发和零售业区位商小于1，且在波动中不断下降，比较劣势进一步扩大。分析发现，西部地区的传统服务业竞争力进一步减弱，而现代服务业虽然竞争力仍然不强，但是近年来发展势头良好，实力不断增强。从区域发展差异来看，四川省第三产业发展最好，不仅规模最大而且发展均衡；重庆和陕西分别排在第二位和第三位；西藏、青海和宁夏分别排在倒数第一名、第二名和第三名。西部大多数地区现代服务业发展不足，应在充分了解各地区的差异性和互补性的基础上进行分工与合作，共同发展现代服务业。

第二节　西部地区主要产业链分析

西部地区产业链众多，这里仅选取西部地区最主要和具有代表性的产业链进行分析。其中，装备制造业产业链是西部地区具有坚实发展基础和较具竞争力的重要产业链；而冶金工业产业链和能源化工产业链是西部资源型产业链的代表；电子信息产业链是西部近年来发展迅速的高科技产业链的代表。

一 西部地区装备制造产业链分析

（一）西部地区装备制造业发展现状分析

装备制造业是为国民经济发展和国防建设需要而生产制造各种技术装备的产业的总称，其产品分属于制造业门类下的通用装备制造业、专用设备制造业、汽车制造业、铁路、船舶、航空航天和其他运输设备、电气机械和器材制造业、计算机、通信和其他电子设备制造业、金属制品业、仪器仪表制造业八个大类。西部地区是我国重要的装备制造生产基地，2015年，西部地区装备制造产业链总产值为40091.64亿元，就业总人数347.7万人，资产总计35381.08亿元，主营业务收入38917.94亿元，利润总额2265.38亿元。西部的装备制造产业链主要环节分布在四川、重庆、广西和陕西，四个省份产值规模占西部地区总产值的比重分别为30.97%、30.25%、14.75%和11.41%，合计87.38%；就业人数所占比重分别为30.4%、28.37%、12%和15.59%，合计86.36%；资产所占比重分别为27.95%、24.48%、9.5%和18.52%，合计80.45%；主营业务收入所占比重分别为30.38%、31.33%、14.8%和10.83%，合计87.34%；利润比重分别为25.37%、39.37%、16.59%和9.87%，合计91.2%。四个省份中，人均产值由高到低分别是广西、重庆、四川和陕西，人均创利由高到低分别是重庆、广西、四川和陕西。可见，虽然规模最大的是四川，但是，重庆和广西的效率更高。

表5-13　　2015年西部地区装备制造产业链主要经济指标

地区	总产值（亿元）	就业人数（万人）	资产总计（亿元）	主营业务收入（亿元）	利润总额（亿元）
内蒙古	1498.05	10.77	1628.55	1516.44	28.54
广西	5912.24	41.72	3362.87	5759.45	375.84
重庆	12127.64	98.65	8662.98	12192.38	891.84
四川	12418.31	105.71	9890.68	11823.28	574.81
贵州	1333.88	14.16	1634.45	1259.51	45.08
云南	662.53	8.15	827.68	669.55	27.72

续表

地区	总产值（亿元）	就业人数（万人）	资产总计（亿元）	主营业务收入（亿元）	利润总额（亿元）
西藏	1.39	0.01	3.77	0.94	0.21
陕西	4574.82	54.21	6553.11	4217.01	223.51
甘肃	540.92	6.79	950.38	449.1	18.34
青海	124.68	1.2	174.21	97.75	2.14
宁夏	215.68	2.64	330.68	211.83	9.42
新疆	681.5	3.69	1361.72	720.7	67.93

资料来源：2016年《中国工业统计年鉴》。

西部各地区装备制造业各行业的产值分布如表5-14所示。从行业来看，汽车制造业占西部装备制造业总产值的比重最高，占27%，其次是计算机、通信和其他电子设备制造业，占23.57%。从地区分布来看，汽车制造业最强的是重庆，产值占西部地区汽车制造业总产值的42.08%。计算机、通信和其他电子设备制造业最强的四川和重庆，产值共占西部地区该产业总产值的75.9%。总体来说，四川的金属制品业，通用设备制造业，专用设备制造业，计算机、通信和其他电子设备制造业，重庆的汽车制造业，铁路、船舶、航空航天和其他运输设备制造业，计算机、通信和其他电子设备制造业，电气机械和器材制造业，仪器仪表制造业，广西的汽车制造业均处于西部装备制造业发展的先进水平，在全国也具有较强的竞争力。

表5-14　2015年西部各地区装备制造产业各行业的产值分布　　单位：亿元

地区	金属制品业	通用设备制造业	专用设备制造业	汽车制造业	铁路、船舶、航空航天和其他运输设备制造业	电气机械和器材制造业	计算机、通信和其他电子设备制造业	仪器仪表制造业
内蒙古	470.5	247.34	221.46	150.96	29.28	308.35	61.27	8.89
广西	389.11	328.41	488	2395.68	173.55	849	1241.82	46.67
重庆	579.28	661.6	392.07	4560.31	1418.36	1093.04	3260.74	162.24
四川	1047.58	1939.47	1236.19	2331.48	589.69	1286.73	3908.93	78.24
贵州	181.72	109.77	108.4	219.67	182.16	196.45	322.82	12.89

续表

地区	金属制品业	通用设备制造业	专用设备制造业	汽车制造业	铁路、船舶、航空航天和其他运输设备制造业	电气机械和器材制造业	计算机、通信和其他电子设备制造业	仪器仪表制造业
云南	98.86	49.21	100.92	191.74	37.84	114.45	30.39	39.12
西藏	—	—	0.22	—	—	1.17	—	—
陕西	298.81	533.58	571.33	934.39	739.61	783.42	555.47	158.21
甘肃	123.29	64.71	122.43	25.57	15.43	123.88	60.23	5.38
青海	14.8	17.87	4.62	6.66	2.28	70.39	4.89	3.17
宁夏	35.23	61.69	39.95	2.05	1.07	65.23	—	10.06
新疆	77.11	23.27	36.74	18.55	0.96	522.15	1.5	1.22

资料来源：2016年《中国工业统计年鉴》。

西部地区装备制造业主要集聚区如表5-15所示。西部地区装备制造业80%以上布局在四川、重庆、广西和陕西。重庆围绕长安汽车集团、四联集团、重庆船舶公司、重庆钢铁集团、重庆机电集团等核心企业形成了重庆一小时经济圈，是西部地区最庞大的装备制造业集聚区。其中，以长安、嘉陵、建设、隆鑫、力帆、重庆船舶公司、重庆长江轮船公司等为龙头企业，构建了西部最大的汽车、摩托车、轨道交通设备、船舶等交通运输设备制造业基地（西部最大的船舶研发生产基地和汽摩及零部件生产基地）；以中国四联集团为龙头构建仪器仪表制造业基地；以重庆机电集团为龙头建成研发生产为一体的输变电成套设备基地。以大江工业集团和重庆钢铁集团为龙头形成工程机械及大型结构件生产基地。以重庆远达环保、中天环保等为龙头建设环保成套设备研发生产基地。以惠普、宏碁等为龙头的全球最大笔记本电脑生产基地。

成德绵地区是西部第二大装备制造业集聚生产基地，以成都神钢集团、德阳二重集团等核心企业构成了西部重要的重型机械装备生产基地；以成都飞机工业集团、成都飞机设计研究为龙头形成我国第二大航空产业科研生产基地；以东方集团为核心的发电设备制造业集聚区，是西部最大的汽轮机、电机和锅炉生产基地；同时，成绵阳地区也是国家先进电子信息制造基地，西部重要的输变电设备生产和汽车制造基地之一。

关中地区以西安飞机集团为龙头成为我国最大的航空航天基地,以西电等核心企业构建西部最大的输配电产业基地;依托陕西汽车集团、比亚迪等成为西部主要的汽车制造业基地;依托宝鸡和秦川机床集团公司成为西部主要的机床生产基地;同时,依托西安、宝鸡和咸阳的电子元器、通信设备等产业,关中地区形成了西部重要的电子信息制造业基地之一。

桂东北是西部第四大装备制造业基地,以柳工、柳汽、五菱等核心企业成为西部重要的汽车制造业集聚区;依托玉柴集团等成为西部重要的工程机械制造基地。

包头和呼伦贝尔依托内蒙古一机、北方重工公司等核心企业成为西部重要的装备制造业集聚区,两市装备制造业以重型汽车、铁路车辆、工程机械为主。

贵阳则围绕贵航集团、江南航天高科技工业园成为西部重要的航空航天基地,贵州专用设备制造在全国具备较强的优势,如贵州詹阳动力重工的高速挖掘机、高原挖掘机等;同时贵州的国防工业在全国占据重要地位。

表5-15 西部地区装备制造业主要集聚区

区位	范围	主要行业
重庆	一小时经济圈	以仪器仪表制造业、汽车制造、船舶、轨道交通设备制造业、环保成套设备制造业、输变电成套设备制造业、电子产品及通信设备制造业等为主
川西平原	成都、德阳、绵阳	成都以汽车及零部件、工程机械、航空航天、集成电路、发电设备等为主,绵阳以电子信息产业为主,德阳以重型装备、发电机等为主
关中地区	西安、咸阳、宝鸡	西安以光电子产业、通信设备、集成电路等为主;宝鸡以电子电器制造、石油装备、机床工具等为主,咸阳以电子元器件等为主
桂东北地区	桂林、柳州、玉林	柳州以柳工、柳汽为主,玉林以玉柴机器为主
蒙东地区	包头、呼伦贝尔	以重型汽车、铁路车辆、工程机械为主

资料来源:根据各省统计年鉴、统计公报整理。

(二) 西部地区装备制造代表性产业链分析

装备制造产业链是由装备制造核心产业(或企业)根据产品产业关

联关系向上下游延伸,将原材料、零部件、元器件的生产供应、半成品、产成品的加工生产以及销售流通和售后服务串联起来的复杂链条,和大多数产业链一样,装备制造产业链也是二维结构的产业链条,其简化的结构如图 5-1 所示。

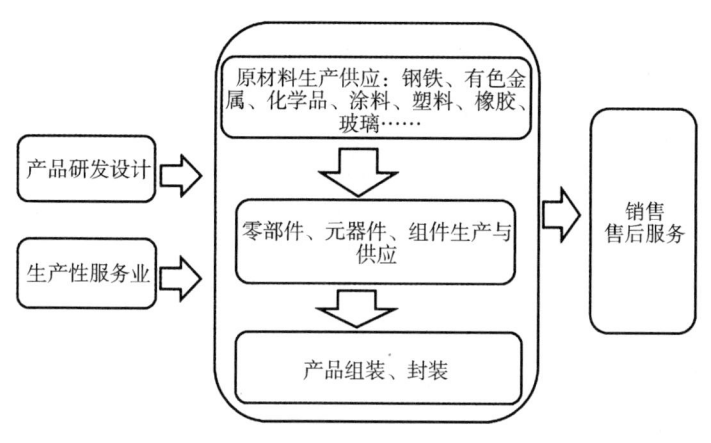

图 5-1 装备制造产业链

由于装备制造业涉及的细分行业多,每个细分行业的产业链都十分复杂。这里仅对西部装备制造业中最具有代表性的重庆汽车制造产业链进行分析,从而以点带面分析西部装备制造业的发展现状。

汽车制造业是占西部装备制造业总产值比重最高的细分产业,而重庆是西部地区汽车制造业发展最好的地区,是全国最大的汽车生产基地,因此,我们以重庆汽车制造业产业链作为西部汽车制造业产业链的代表进行分析。

重庆从 1965 年开始发展汽车产业,经过将近半个世纪的发展,重庆汽车产业实力不断增强,汽车产业链逐步形成。汽车制造业在重庆经济发展中的地位十分重要,对国民经济的贡献度很大,是重庆的支柱和优势产业。2016 年,重庆市汽车产量 316 万辆,是全国唯一的汽车产量超 300 万辆的地区。汽车制造业实现产值 5391 亿元,占重庆市工业总产值的 25.4%。重庆汽车制造业产业链是以长安汽车集团等十多家整车企业为链核、1000 多家规模以上配套企业形成的产业链,向上游追溯到金属制品业、钢铁制造业、橡胶制造业、电子制造业等相关行业,向下游延伸至汽车销售、维修、汽车物流、保险及金融信贷等行业,其简易结构如图 5-2 所示。

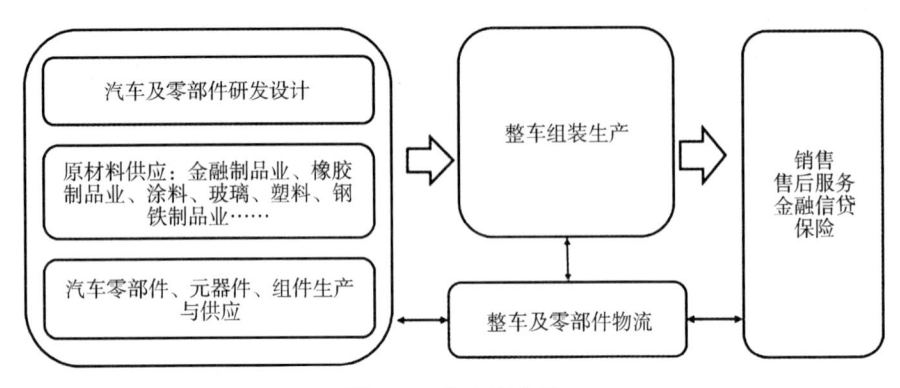

图 5-2　汽车产业链

重庆汽车产业链上有康明斯、邦迪、天纳克、李尔、霍尼韦尔、关西涂料等 400 多家一线汽车零配件生产企业，1500 多家二、三线配套企业。重庆零部件企业主要生产包括发动机、底盘、车身、排气管、齿轮、机油滤清器等配套产品，配套体系完整，品种齐全，并且初具规模。整车生产企业包括长安股份、长安福特、力帆、庆铃、上汽依维柯红岩、上汽通用五菱、北方奔驰、长安铃木、北京现代、北汽银翔等 14 家整车生产企业。其中，长安汽车集团是我国最大的微车生产企业，长安福特是重庆重要的轿车生产基地。目前，重庆的汽车产业链已形成了健全的车型体系，生产包括微型车、轿车、轻型和重型卡车、商务用车、客车、汽车起重机、防弹运钞车、重型高空作业车等汽车产品，在全国的品牌优势较为明显。重庆汽车制造业产业链上还有长安民生物流股份有限公司等一批优质的第三方汽车供应链综合服务供应商，为重庆汽车产业链的顺利运转提供物流保障。此外，重庆已形成铁路、公路、水运、航空和管道相结合的综合运输体系，为重庆市汽车产业链上各个节点企业间的联系和企业与外界的联系提供有力的保障。

由以上分析可知，重庆现拥有长安、庆铃、力帆、红岩等一批较具知名度和竞争力的汽车整车企业及一大批与之配套的零部件生产企业和汽车物流企业，同时拥有壮大的从事汽车设计、生产、销售、保险、金融等的人才队伍，汽车产业链蓬勃发展。但同时，重庆汽车产业链也存在诸多问题：如汽车单车的价值较低、单车利润率低、附加值高的高端汽车产品较少,从而导致重庆市汽车工业主营业务收入较低。此外,重庆汽车产业链上游的零部件配套企业的关键技术有待突破,整车企业的装备水平有待进一步提高。

(三) 西部地区装备制造业产业链存在的问题

1. 总体竞争力不强,综合效益不高。

尽管近年来西部装备制造业发展迅速,但在数量和规模上都无法与发达地区相比。2015年,西部装备制造业总产值仅占全国的10.5%,利润总额占全国的9.15%;西部12个省份装备制造业总产值仅为广东省的65.6%,江苏省的58%,可见,西部地区装备制造业与发达地区差距很大。从西部各省份来看,在全国装备制造业竞争力排名中,除四川、重庆、陕西排名稍靠前外,其他地区几乎都在全国平均水平之下。从装备制造业企业来看,西部虽然拥有东方电气集团公司、二重集团公司、长安集团公司等一批骨干企业,但能进入中国500强的企业极少。2015年西部装备制造业的产值利润率为5.6%,远低于全国平均水平,这表明西部装备制造业的综合经济效益不高。

2. 地区分布不均衡、产业集群数量少。

四川、重庆、陕西、广西四省份的装备制造业发展比较快,其他省份则发展缓慢,仅处在集群发展的初级阶段。2017年,四川、重庆、陕西、广西这四个省份装备制造业的利润总额占西部之比高达91.2%,其他八个地区所占份额不足10%。同时,西部在全国具备较强竞争力的装备制造业产业链几乎都分布在这四个地区,如重庆的汽摩产业链,成都、陕西的航空航天产业链,德阳的发电设备、重型机械制造产业链等。除了这些地区,西部多数省份还未形成产业集群,西部产业集群总体数量少,具有强大竞争力的大型产业集群则更少。

3. 门类比较齐全,但产业链延伸不够、竞争力不强。

西部装备制造业门类比较齐全,涵盖了八大行业,但由于自主创新能力不足,导致西部原创性的技术和产品稀少,在对外合作中严重依赖合作伙伴的关键技术,没有形成竞争力强大的产业链。目前,西部各省份的装备制造业中,除重庆的汽摩产业链、四川的发电设备产业链、陕西的输配电及控制设备产业链等具有较强的成套供应能力外,其他大多数产业不具备自给能力,这是制约西部装备制造业发展的"瓶颈"。

4. 龙头企业不强、资本结构单一。

由于历史原因，国有及国有控股企业目前仍然是西部装备制造业的主力军，非国有经济在装备制造业中比重较低。龙头企业的技术创新、配套能力不强，企业经营机制僵化、总体效率不高，导致西部装备制造业的竞争力不强。同时，西部地区市场化程度较低，对外开放不够，导致西部地区大多数国有企业自成体系、自我配套，与地方企业无法建立良好的分工协作关系，本地企业配套协作能力差。

二 西部地区冶金产业链分析

（一）西部地区冶金工业发展现状

冶金工业包括黑色金属矿产采选业、有色金属矿产采选业、黑色金属冶炼工业、有色金属冶炼工业，是重要的原材料工业部门。2015年西部地区冶金工业主要经济指标如表5-16所示。

表5-16　　　　2015年西部地区冶金工业主要经济指标　　　　单位：亿元

地区	工业总产值（当年价格）	就业人数（万人）	资产总计	主营业务收入	利润总额
内蒙古	4071.12	27.01	5874.19	4042.39	54.1
广西	4024.65	16.66	2724.11	3726.84	115.23
重庆	1443.34	8.63	1289.71	1382.34	27.76
四川	3536.82	26.14	3915.38	3616.28	-18.44
贵州	1172.23	7.3	942.18	1057.1	29.29
云南	2275.36	20.66	3510.53	2503.52	-51.8
西藏	19.63	0.46	221.81	27.21	4.94
陕西	2778.24	16.07	2180.59	2893.57	106.5
甘肃	2309.78	15.21	4077.71	4671.9	-172.23
青海	855.98	5.53	1296.64	798.69	-43.58
宁夏	549.67	5.48	1075.29	554.82	-21.93
新疆	1269.81	10.28	2882.4	1361.01	-57.06
西部	24306.63	159.43	29990.54	26635.67	-27.22
全国	121300.15	675.02	119132.61	127810.96	3019.55

资料来源：2016年《中国工业统计年鉴》。

2015年西部地区冶金工业总产值为24306.81亿元，占全国冶金工业总产值的20%；就业人数159.43万人，占全国冶金工业就业总数的23.6%；主营业务收入26635.67亿元，占全国冶金工业主营业务收入的20.8%。由于受到资源、原材料生产资料价格下降的影响，2015年西部冶金工业总体亏损27.22亿元，其中，黑色金属冶金及压延加工业亏损300.72亿元。

虽然西部地区黑色金属和有色金属矿产都很丰富，但冶金工业的发展相对落后。就产业规模而言，2015年，西部地区黑色金属矿采选业与黑色金属冶炼和压延加工业的总产值分别为1800.97亿元和10291.55亿元，分别占全国相应产业总产值的24.9%和16.8%。其中四川的黑色金属矿采选业和冶炼压延加工业都排在第一位，产值分别为522.22亿元和2132.65亿元，但其产值分别只占河北省的29.8%和21.1%。西部地区有色金属矿采选业与有色金属冶炼和压延加工业的总产值分别为2041.26亿元和10172.85亿元，分别占全国相应产业总产值的32.2%和21.9%。其中，陕西省的有色金属矿采选业总产值都排在第一位，产值为414.55亿元，但其产值仅占河南省的24.6%；甘肃的有色金属冶炼和压延加工业的总产值排在第一位，产值为14688.88亿元，但其产值仅占江苏省的36.5%。就产业结构来看，西部黑色金属冶炼和压延加工业的总产值是黑色金属矿采选业总产值的5.71倍，而全国黑色金属冶炼和压延加工业的总产值是黑色金属矿采选业总产值的8.49倍；四川省黑色金属冶炼和压延加工业的总产值仅是黑色金属矿采选业总产值的4.08倍，而江苏省和广东省高达160.7倍和18.47倍。2015年，西部黑色金属冶炼和压延加工业的总产值为10291.55亿元，东部地区黑色金属冶炼和压延加工业的总产值为39397.7亿元，西部地区黑色冶炼和压延加工业总产值仅为东部地区的约四分之一；西部有色金属冶炼和压延加工业的总产值是有色金属矿采选业总产值的4.98倍，而全国有色金属冶炼和压延加工业的总产值是有色金属矿采选业总产值的7.33倍；陕西省有色金属冶炼和压延加工业的总产值是有色金属矿采选业总产值的3.1倍，甘肃省为21.5倍，而江苏省和广东省高达544.6倍和43.9倍。2015年，西部有色金属冶炼和压延加工业的总产值为10172.85亿元，东部地区有色金属冶炼和压延加工业的总产值为

20350.61亿元，西部地区有色冶炼和压延加工业总产值仅为东部地区的一半左右。可见，西部地区虽拥有丰富的金属矿产资源优势，但冶金工业尤其是其中的冶炼加工行业薄弱，竞争力不强，西部地区沦为了矿产资源的原料"输出地"，没能实现资源优势向经济优势的较好转化。

表5-17　　2015年西部地区冶金工业各行业各地区的产值分布　　单位：亿元

地区	黑色金属矿采选业	黑色金属冶炼和压延加工业	有色金属矿采选业	有色金属冶炼和压延加工业
内蒙古	555.5	1454.53	613.17	1447.92
广西	195.21	2397.21	302.74	1129.49
重庆	10.74	690.05	5.69	736.86
四川	522.22	2132.65	238.09	643.86
贵州	56.25	631.29	63.24	421.45
云南	128.29	630.91	220.2	1295.96
西藏	1.94	0.56	17.13	—
陕西	166.71	908.15	414.55	1288.83
甘肃	66.06	706.38	68.46	1468.88
青海	5.29	169.75	42.12	638.82
宁夏	9.36	243.78		296.53
新疆	83.4	326.29	55.87	804.25
西部总和	1800.97	10291.55	2041.26	10172.85
全国	7216.98	61257.31	6344.87	46480.99

资料来源：2016年《中国工业统计年鉴》。

从表5-17可以看出，内蒙古、四川、云南、广西、陕西和甘肃是西部冶金工业的主要集聚区，2015年，这六个省份冶金工业产值均超过2000亿元，合计18995.97亿元，占西部的78.2%。其中，内蒙古、广西、四川、云南、陕西和甘肃是有色冶金工业的主要集聚区，2015年产值均超过1000亿元，合计8250.2亿元，占西部有色冶金工业的67.5%；四川、内蒙古、广西是黑色冶金工业的主要集聚地，2015年各省份产值均超过2000亿元，合计7257.32亿元，占西部黑色冶金工业的 60%。

西部地区的冶金工业聚集区主要分布在云中（东）、蒙中（东）、川西南、桂西北、陇北等区域。其中，以攀钢集团有限公司、包头钢铁有限责任公司、酒泉钢铁有限责任公司等钢铁企业为核心形成了西部的黑色冶金工业聚集区；以云南铜业集团、云南冶金集团、云南锡业集团、甘肃金川集团、广西铝业、贵州铝业、西南铝业等有色金属龙头企业为核心形成了西部有色金属冶金工业聚集区。其中，西部最大的有色冶金工业集聚区是以昆明、红河、曲靖作为其核心区的云中（东）地区，其核心企业是云南铜业集团、云南冶金集团、云南锡业集团，云中（东）地区是我国重要的矿产品生产基地之一。蒙中是全国最大的稀土工业集聚区，包头是其最核心的区域，依托包钢集团等核心企业成为西部最大的钢铁产业生产基地之一。攀枝花是我国最大的钒钛基地，依托攀钢集团及一大批中小型企业，成为我国重要的钢铁生产基地。陇北地区依托甘肃金川、酒钢集团，成为全国最大的镍矿、钴矿生产基地和铂族金属的提炼中心。

表 5-18　　　　　西部地区冶金工业产业链主要集聚区

区位	范围	主要矿产品
滇中（东）	昆明、红河、曲靖	以铜矿、铅锡矿、钨矿、磷矿、锰矿等矿产品为主
蒙中	包头	以铁矿、稀土矿、铌矿、钛矿、锰矿、金矿、铜矿等矿产品为主；包头被誉为世界"稀土之乡"
川西南	攀枝花、凉山、乐山	以铁矿、钒矿、钛矿、镍矿、钴矿等矿产品为主，攀枝花被誉为"富甲天下的聚宝盆"
桂西、桂北	百色、柳州	以铝矿、锡矿、钨矿、锑矿、锰矿、铅矿、铜矿等矿产品为主；百色平果被誉为"南国铝都"
蒙东	赤峰、通辽	以锌矿、铅矿、铜矿、钨矿、锡矿等矿产品为主，赤峰是我国唯一称为"中国有色金属之乡"的城市
陇北	金昌、嘉峪关	以镍矿、钴矿、铜矿、金矿、铁矿等矿产品为主
关中	宝鸡、渭南	以铅锡矿、铜矿、金矿、钼矿等矿产品为主；渭南已探明的钼矿储量居全国第二位

资料来源：根据各省统计年鉴、统计公报整理。

（二）西部地区代表性冶金产业链分析

冶金产业链是围绕黑色和有色金属矿物的勘采、冶炼加工、销售及服务所形成的具有上下游关联关系的产业集合，包括有色和黑色金属的勘测、开采、精选、冶炼、轧制成材、精加工、深加工、废旧金属回收、质检、终端产品生产与销售及服务等①。冶金产业链简易结构如图5-3所示。

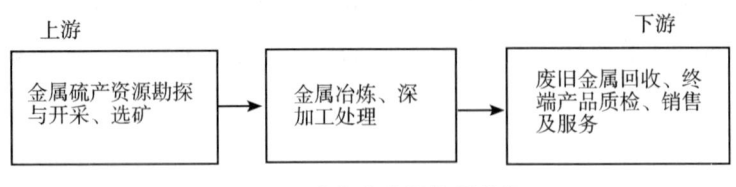

```
上游                                          下游
┌─────────────┐   ┌─────────────┐   ┌─────────────┐
│金属硫产资源勘探│→ │金属冶炼、深 │→ │废旧金属回收、终│
│与开采、选矿  │   │加工处理    │   │端产品质检、销售│
│             │   │             │   │及服务        │
└─────────────┘   └─────────────┘   └─────────────┘
```

图 5-3　冶金产业链简易结构

根据产业链上各个链环的作用和影响不同，冶金产业链可分为关键链环、主导链环和配套链环。关键链环是指掌控着较大份额的金属矿产资源采选量和优质资源的企业组成的集合；主导链环是指黑色、有色金属的精深加工和高附加值产品的生产企业组成的集合，能够引领整个冶金产业链各个环节，决定或影响着产业链的整体规模，处在冶金产业链主导环节的企业一般是"龙头企业"，其规模和效益主导着整个产业链的运行；配套链环是指连接关键链环和主导链环的协作配套企业组成的集合，包括市场交易中心、物流仓储等生产性服务企业等。

下面对西部冶金产业链中具有代表性的产业链进行具体分析。

1. 广西有色金属冶金产业链。

广西有色金属矿产资源十分丰富，种类齐全，分布广泛，有矿产地1008处，是全国重点有色金属产区之一，素有"有色金属之乡"的美誉。广西有色金属主要集中在百色和河池境内，其中铜、铝主要分布在百色市，铅、锌、锡、钨等主要分布在河池市大厂矿区。

经过多年的发展，广西有色金属产业已形成稀有金属、贵金属、轻重金属等的地勘、采矿、选矿、冶炼及加工、质检等部门构成的较完整的工业体系。广西的名牌有色金属产品有"漓佳""芭蕉""飞碟""南方""右江""金海"等；在全国有一定的影响和知名度的集采矿、冶炼、深加工于一体的大型企业有平果铝、南南铝、亚洲铝、银海铝、华锡集团、南方有色、靖西铝等。

---

① 孙麟：《中国有色金属产业链分析及整合对策》，《科技创业月刊》2012年第6期。

2016年广西十种有色金属①产量180.26万吨；氧化铝产量846万吨，排全国第四位；铝材产量273.6万吨，排全国第五位。有色金属产业是广西的支柱产业，其发展对西部机械、航空航天、电力等行业的发展起着至关重要的作用。

下面从冶金产业链的三个链环分析广西有色金属产业链的发展现状。

（1）关键链环。有色金属产业链的关键主要是由有色金属资源的储量和品质所决定，据统计，广西共发现矿产147种，已探明储量的有97种。其中，锑矿、锡矿、钛矿、铁矿、铝土矿、稀土、铟、钽铌矿、钨、锰矿等储量均居全国前十位，这表明了广西有色金属中小品种和稀有金属优势明显，但是铜、铅、锌、镍等常用有色金属资源储量不大。同时，由于多年的开采，广西部分有色金属的储量骤减，资源保障度下降。由于常用资源的相对紧缺和优势资源的开发不够，广西一直没有形成较大的开采和冶炼加工企业。从表5-19可以看出，2015年，广西有色金属矿采选业的产值为有色金属冶炼业压延加工业的26.8%，但采选业的利润却是冶炼业压延加工业的1.98倍。

（2）主导链环。广西铅、锑、锌、锡等矿产资源的冶炼能力比较强，现已超过150万吨/年，但仅处在简单的粗加工环节，深加工和精加工的产品较少。而稀有金属如稀土、钨矿，常用金属如铜、镍矿因资源储量少或不利于开采等原因，冶炼产品较少，深加工和精加工产品则更少。由表5-19可知，广西有色金属产业链结构中冶炼及压延工业产值是采选业的3.73倍，而西部的平均水平是4.98倍，全国的平均水平是7.33倍，广东是43.9倍，江苏是544.6倍，这表明了广西有色金属工业还处在以开采型、粗加工为主，附加值高、技术精深加工的产品严重不足。广西有色金属冶炼和压延加工业的产值利润率仅为1.16%，而全国有色金属冶炼和压延加工业产值利润率的平均水平为3.1%，江苏省为4.3%，可见，广西有色金属冶炼和压延加工业的经营效率有待提高。

---

① 十种有色金属是指：铜、铝、铅、锌、镍、锡、锑、镁、海绵钛、汞。

表 5-19　　　　　2015年广西有色金属冶金产业链主要指标　　　　　单位：亿元

指标	有色金属矿采选业	有色金属冶炼和压延加工业
产值	302.74	1129.49
主营业务收入	318.41	929.23
利润	25.92	13.07

资料来源：2016年《中国工业统计年鉴》。

广西拥有平果铝、华锡集团、南南铝等一批颇具规模和知名度的核心企业，其发展对广西有色金属产业链的运行起到很大的推动作用，但是与全国优秀的大型企业相比，广西的有色金属企业就暴露出生产规模小、技术水平低、行业集中度低等问题。对于一个资源储备大且品种多、资源产量占全国20%以上的省份来说，广西的有色金属产业链明显延伸不够、发展仍相对落后。

同时，在广西众多有色金属合金制造企业中，只有钦州恒星锰业有限责任公司挤进了全国50强，但在市场占有率、营业收入、利润额等方面同前几名相比有很大差距。而素有"华锡之都"的广西有色金属集团，在资产总额、销售收入、净利润等财务指标上远远不及中国铝业，广西有色金属企业的规模劣势是制约广西有色金属产业链顺利运行的关键所在。

(3) 配套链环。广西人才资源紧缺，特别是有色金属深加工、精加工和新能源、新材料开发方面的人才尤其紧缺，这导致了广西有色金属产业虽具备了一定规模但精深加工相对落后，产业链竞争力不强。同时，广西交通运输能力相较东部来说严重不足，特别是在偏远山区，这给矿产资源的开采、运输、加工等带来了不便。

小结：经过多年的发展，广西虽已形成了较完整的有色金属工业体系，为我国有色金属工业做出了重要贡献。但同时，广西有色金属产业链存在一些亟待改进的地方：核心企业生产规模小、产业集中度低；部分优势矿种如钨、稀土没有得到充分利用，开发程度不高；产业结构不合理，精深加工产品严重不足，产业链延伸不够；环境破坏严重等。

2. 包头稀土产业链。

包头被誉为"世界稀土之都"，包头白云鄂博矿是铁、稀土、铌共生矿，不仅储量大，而且质量好。包头稀土储量占全国的80%以上，稀土产品的出口量占全国的50%以上。包头凭借稀土资源优势，已形成涵盖勘探开采、冶炼、深加工、运用、高端产品生产及研发的完整的稀土产业链体系，2016年包头稀土产业链上共有106家稀土企业，其中新材料、终端运用企业85家，全产业链实现工业总产值150亿元（见图5-4）。

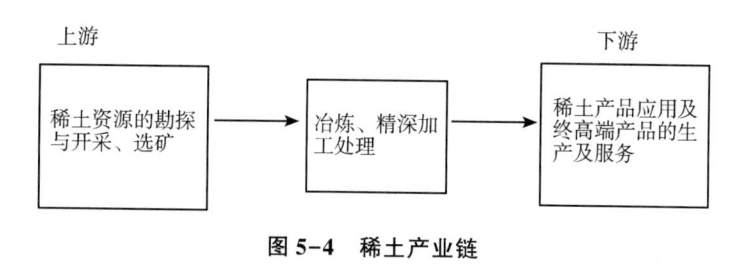

图 5-4 稀土产业链

下面从稀土产业链的三个链环对包头稀土产业链进行分析。

（1）关键链环。包头白云鄂博拥有世界上最大的稀土伴生矿，占中国稀土储量的80%。共有五个矿带，目前主要开采的是西矿和主矿。同时，包头拥有全球最大的选矿厂和全球先进的技术水平，不但选出来的精矿稀土质量好，而且经济效益高，包头稀土精矿每年生产能力在20万吨左右。然而，由于技术等原因包头市没能对一些精矿资源进行有效的开发和利用，这成为包头稀土资源有效利用和综合利用的短板。

（2）主导链环。依托包钢稀土、瑞鑫金属、天骄清美等核心企业，包头的稀土新材料（如稀土永磁材料、抛光粉、贮氢合金等）以及终端产品（发光照明、风电设备、汽车配套等）在国内市场占据了较大的份额，技术与国外先进水平差距也不大。但由于研发力度不够，拥有核心专利的稀土功能材料产品（如稀土发光材料、催化剂等）几乎还处在空白阶段。在包头稀土工业产品结构中，上游产品占60%以上，而中下游及高附加值的产品占比不到40%，产品结构不合理。

（3）配套链环。包头市拥有大量的支撑产业及机构，如上游的开采设备、工艺设计企业，中下游的设备商、零售商、物流企业以及横跨整个产业链的金融、信贷、科研机构等。同时，包头市拥有较完整的基础设施保障体系，在通信、交通、水利、交通、教育等方面具有较大的优势。包头市稀土产业科技创新能力不断增强，拥有全国最大的稀土专业研究机构——包头稀土研究所；稀土产业创新人才也不断增加，包头稀土高新区成为稀土后备人才的培养基地，为包头稀土产业链的发展和延伸起到重要作用。

包头稀土高新区是包头稀土产业的重要集聚区，其稀土生产能力已占包头市的 80% 以上，同时也是我国最大的稀土高新技术开发区、应用及产业化基地，2015 年，包头稀土高新区稀土产业工业产值 87 亿元。包头高新区的稀土产业从 20 世纪 90 年代开始集聚发展，随着以包钢稀土、瑞鑫金属、天骄清美为代表的行业龙头企业及一大批中小型企业的入驻，高新区的稀土产业链已逐渐形成并初具规模。截至 2016 年年末，稀土高新区的稀土企业已有近百家。目前包头稀土高新区涵盖了稀土原材料开采、新材料研制（稀土储氧、抛光、永磁、催化等）、应用产品生产（发光照明、风电设备、汽车配套、医疗器械等）等类型企业，依托这些核心企业、加工企业及配套企业稀土高新区已基本形成了"原材料—新材料—元器件—终端产品"的产业链，各链环之间相互渗透和配合，使包头高新区稀土工业整体竞争力不断提升。

小结：由以上分析可知，包头稀土产业链条不断细化、不断向下游延伸，并逐步形成全国稀土永磁、储氢、抛光材料等新材料、新元件的重要生产基地。但同时也存在一些问题，如稀土产业链的核心环节缺失，产业链上各环节配套协作能力不强，科技人才和机构多但创新能力与国外先进水平还存在较大差距、环境破坏严重等。

(三) 西部地区冶金产业链存在的主要问题

1. 产业结构不合理、产业链延伸不够。

西部地区虽然拥有丰富的矿产资源，但由于缺乏高科技和高素质人力资本的积累，因此整个冶金产业链总产值不高。西部冶金产业以采掘工业为主、加工工业比重不大，导致产值在产业链上的分布并不匹配。金属冶炼加工业与采选业的比例远远小于全国及冶金工业发达地区的比例。同时，西部地区无论是有色金属还是黑色金属采选业的产值所占冶金产业链比重远高于全国平均水平，产业链延伸严重不足，导致整条产业链的竞争力不足。同时，这也带来了西部地区产业结构的趋同和产品的低层次化，导致地区间、企业间恶性竞争严重，企业效益差，成为西部资源开发和经济发展的阻碍。

2. 资源利用水平不高、深加工能力较低。

西部地区资源开发综合利用水平和深加工能力较低，采选回收率低于全国平均水平，经济效益不高。矿产资源的开发重点大多集中在资源开采和初级产品的开发利用上，所产产品多是技术含量低、附加值不高的，缺乏技术含量高、附加值高的名优和高档产品，处在冶金产业链的最低端。这导致西部冶金产业处于被动局面，一方面使西部地区资源大量耗费，价值流失严重，另一方面使西部冶金技术水平和装备得不到改善，高污染、高能耗的产业不断扩张，资源优势难以转化为经济优势，不能有效地促进西部经济的健康发展。

3. 环境破坏严重。

西部地区本身生态环境比较脆弱，大量的开采行为诱发的次生地质灾害进一步加剧了生态环境的恶化。在采矿过程中，"三废"的大量排放导致土壤流失、水质破坏、大气污染、植被破坏等较严重的环境污染。同时，在一些矿产的开采过程中，存在着大量"采富弃贫、采主弃副"等现象，没有能够有效地利用丰富的共伴生矿产资源，资源浪费严重。废弃的尾矿对生态的平衡不利，也可能会危及附近生物（人、动植物等）的生命安全，破坏了经济社会持续健康发展的基础。

三 西部地区能源化工产业链分析

（一）西部地区能源化工产业发展现状

能源化工产业是西部重要的支柱产业。2015年，西部地区能源化工产业总产值30122.17亿元，占全国能源化工产业总产值的19.6%；就业人数275.56万人，占全国能源化工产业总就业人数的24%；主营业务收入29620.11亿元，占全国能源化工产业主营业务收入的18.9%；利润总额1550.68亿元，占全国能源化工产业总利润的22.8%。从细分行业来看，西部能源化工细分行业规模由大到小依次是石油和天然气开采业，煤炭开采和洗选业，石油加工、炼焦及核燃料加工业，化学原料及化学制品制造业，化学纤维制造业，其总产值占全国相应行业总产值的比重依次为52%、44%、18.7%、12.1%和4.4%，这表明西部地区能源化工产业虽然在全国具有一定的地位，但主要集中在开采、粗加工及简单加工环节，在能源的精加工和深加工环节占比很小，产业链向下延展不足。

表 5-20　　2015 年西部地区能源化工产业链的主要经济指标

地区	总产值（亿元）	就业人数（万人）	资产总计（亿元）	主营业务收入（亿元）	利润总额（亿元）
内蒙古	5609.88	37.12	10637.28	5626.95	384.34
广西	1812.65	10.85	1212.09	1752.83	70.16
重庆	1368.36	21.4	1980.98	1367.27	59.92
四川	4855.62	47.98	5781.75	4751.27	259.53
贵州	2513.23	31.39	3895.28	2472.08	102.35
云南	1307.32	17.68	2184.96	1292.87	-17.74
西藏	3.07	0.04	7.34	2.57	0.61
陕西	6065.86	47.61	13008.21	6011.59	531.55
甘肃	1708.33	16.21	2073.66	1493.79	-20.01
青海	503.11	7.21	1968.85	482.81	59.36
宁夏	1317.04	12.67	3029.46	1191.2	-1.3
新疆	3057.7	25.4	6862.38	3174.88	121.91
西部总和	30122.17	275.56	52642.24	29620.11	1550.68

资料来源：2016 年《中国工业统计年鉴》。

陕西、内蒙古、四川和新疆是西部能源化工产业的主要集聚地，2015 年，这四个省份的能源化工产业总产值占西部地区的 65%，利润占比高达 83.7%。内蒙古、陕西、贵州依托本地区丰富的煤炭资源，成为煤炭开采和洗选业的主要集聚区，这三个省份的产值占西部比重高达 72.8%，利润占比为 92.9%。其中产煤大省内蒙古聚集 400 余家煤炭企业，产值 2931.13 亿元，占西部的 32%。新疆、陕西、四川、甘肃、内蒙古是石油和天然气开采业的主要集聚地，产值占西部比重高达 93.6%；陕西、新疆、甘肃、广西是石油加工、炼焦及核燃料加工业的主要集聚区，产值占西部的 64%。四川、内蒙古、广西、重庆、云南是化学原料及化学制品制造业的主要集聚区，产值占西部的 66.7%。四川、新疆是西部化学纤维制造业的主要集聚地，产值占西部的 85.9%。

表 5-21　　　　2015 年西部地区能源化工产业产值分布　　　　单位：亿元

地区	煤炭开采和洗选业	石油和天然气开采业	石油加工、炼焦及核燃料加工业	化学原料及化学制品制造业	化学纤维制造业
内蒙古	2931.13	715.34	592.9	1369.99	0.52
广西	52.17	10.04	620.76	1128.82	0.86
重庆	348.29	61.1	67.74	880.59	10.64
四川	823.75	540.75	780.43	2510.61	200.08
贵州	1577.22	—	194.09	741.73	0.19
云南	317.28	—	156.42	818.39	15.23
西藏	—	—	—	3.07	—
陕西	2161.41	1408.76	1446.79	1033	15.9
甘肃	243.72	363.69	831.35	267.89	1.68
青海	17.07	192.57	6.14	287.33	—
宁夏	454.29	3.55	503.19	356.01	—
新疆	231.71	884.44	1200.52	667.12	73.91
西部总和	9158.04	4180.24	6400.33	10064.55	319.01

注："—"代表数据缺失。

资料来源：2016 年《中国工业统计年鉴》。

（二）西部地区代表性能源化工产业链分析

能源化工产业链是以煤炭、石油和天然气为原料，生产煤炭产品、石油产品和化工产品及提供相关服务的企业所形成的互相关联和依存的链状组织，产业链上游包括煤炭、石油和天然气的勘探、开采及与之配套的相关服务；中游包括将原煤、原油等加工成各种化工产品的众多企业，下游包括石化产品、天然气等的销售及服务等。根据产业链上各个链环对产业链整体发展的影响和作用不同，能源化工产业链可分为关键链环、主导链环和配套链环。关键链环是掌握较大份额的煤炭、石油、天然气等能源开采量和优质能源的企业组成的集合；主导链环是能源的精深加工和高附加值的终端产品的生产企业组成的集合；配套链环是围绕能源开采企业和加工企业进行协作配套的企业组成的集合，包括物流仓储等生产性服务企业等。

下面对西部能源化工产业链中具有代表性的细分产业链进行分析。

1. 陕西煤化工产业链。

煤化工产业在陕西起步较早,经过多年的发展,现已形成较大规模,拥有不同技术路径的煤化工产业链,包括煤焦化、煤液化、煤气化三大产业链,近年来在煤焦油加氢制油、甲醇制汽油、煤炭间接液化、直接液化等现代煤化工产业链领域表现突出。陕西是全国煤制烯烃和煤制油第一大省,产能占全国一半左右。煤炭产业是陕西的支柱产业,2015年煤炭开采和洗选业产值2161.41亿元,约占陕西工业总产值的10%,其发展对陕西化工、电力、交通等行业影响重大。

下面从产业链的三个环节分析陕西煤化工产业链的发展现状。

(1) 关键链环。陕西煤炭资源丰富,2015年陕西煤炭基础储量126.6亿吨,在西部排第3位,全国排第4位;陕北、神东、黄陇三大煤炭基地的产量占陕西煤炭总产量的一半多。而陕西榆林市是我国煤炭资源最富集的地区。2015年陕西共生产原煤37088万吨,原煤占能源(原煤、原油、天然气、电)生产总量的76.49%;但同时,陕西煤炭开采存在资源浪费严重、利用率低的问题,煤矿平均资源回采率不到30%,远低于外国先进水平。此外,在大多数的共伴生物在煤炭开采过程中没有被开采利用,造成了资源的极大浪费,严重制约煤化工产业链的持久、稳定发展。

(2) 主导链环。陕西煤化工产业链的发展规模和其丰富的煤炭资源严重不协调,目前陕西煤化工产业总体规模较小,产业链短,主要的煤化工产品有电石、甲醇、焦炭、甲醛、合成氨等,大多属于低附加值的产品。由于自主创新能力不足,煤化工产业链的延伸度不够,高技术和高附加值的产品较少,没有形成规模效益。目前陕西正常运行的煤化企业有百余家,一大批煤电一体化、煤盐化工、煤制油、煤制甲醇等项目相继开工建设,具备较强的科技和产业基础。其中,陕西煤化工集团有限公司、陕西榆林能源集团有限公司、陕西汇森煤业开发有限责任公司等是陕西的骨干煤化工企业,对煤向电转化、煤油气盐向化工产品转化、煤电向载能工业品转化起到了积极的推动作用。通过比较发现煤化工产业的投资盈利能力远远比不上煤炭企业,大多数煤化工企业处于亏损状态。同时,现有的煤化工企业生产的产品单一、企业间联系不紧密,仅形成了煤化工产业链上的节点,走的是粗放型发展道路,由此导致部分低档产品严重产能过剩，高端产品严重缺失，没有能够最大限度地提高资源的利用效率。目前，陕西正在大力推进煤化工向合成纤维、合成橡胶、合成树脂等下游产品延伸，生产附加值更高的产品，延伸煤化工产业链。

（3）配套链环。陕西采煤技术相对落后，煤炭专业人才缺乏。据统计，陕西省重点煤炭企业中中专以上煤矿相关专业技术人员不到总人数的5%，生产一线的煤炭职工文化水平普遍较低，专业技术人才的不足和生产一线职工文化水平低已成为陕西省煤化工产业链提档升级的短板。在煤炭资源开发与开采中，陕西的小型煤矿几乎是无机械化采煤，没有相应的支护设备，而大中型的煤矿也只有大约60%机械化程度。与煤化工产业配套的生产性服务业也亟待发展。

通过以上分析可知，陕西煤化工产业链比较短，规模效应还未显现，产品结构分布不合理，一些传统的附加值较低的煤化工产品严重产能过剩，而精细深加工的高附加值产品较少。由于技术的相对落后和专业人才的缺乏，陕西没有能够有效地利用资源，造成资源的浪费和环境的破坏。

2. 新疆石油天然气化工产业链。

新疆石油天然气资源蕴藏丰富，主要分布在塔里木、准格尔、吐鲁番—哈密三大盆地及伊宁、柴窝堡、库木车里、三塘湖、焉耆5个沉积盆地。依托丰富的资源，目前新疆建成塔里木盆地、准格尔盆地、吐哈盆地三大石油天然气生产基地和克拉玛依——独山西、吐哈、南疆、乌鲁木齐四大炼油基地，布局了一大批与石化产业相关的深精加工项目，生产大乙烯、大化肥、大芳烃、合成树脂、合纤单体等多种石化产品。石油天然气产业是新疆最大的支柱产业，2015年新疆石油和天然气开采业的总产值占全区工业总产值的11.6%；石油加工、炼焦加工业占全区工业总产值的15.8%。

下面从产业链的三个环节分析新疆石油天然气化工产业链。

（1）关键链环。新疆的石油和天然气资源十分丰富，2015年，新疆石油资源基础储量为60112.7万吨，约占我国石油总储量的17.2%，占西部地区总量的42.3%，天然气基础储量是10202亿立方米，约占我国天然气总储量的20%，占西部地区总储量的24%。可见，新疆石油天然气资源的勘探开发潜力十分巨大，但新疆石油天然气的探明程度还是偏低，以准格尔盆地为例，经过半个多世纪的勘探之后，盆内石油埋藏浅、易开采的油藏已大部分被发现利用，剩下的绝大多数是埋藏较深、对工艺技术要求高，不易开采的油藏，未来石油资源转化的难度会越来越大。

（2）主导链环。2015 年，新疆生产原油 2795.09 万吨，占全国的 13%，排全国第四位；生产天然气 293.02 亿立方米，占全国的 21.8%，排全国第二位。相对于石油天然气开采业，新疆的石油天然气化工产业规模不够大，特别是天然气化工业规模较小、产品单一、精深加工程度较低。乙烯业、合成材料业和有机原料业等生产规模小，产品市场占有率低、竞争力较弱。从石油天然气化工产业链的上下游规模看，2015 年新疆生产化肥 321.51 万吨、乙烯 109.1 万吨，仅占全国总产量的 6%、4%。从石油天然气化工产业链上下游产业企业的经营情况来看，2015 年石油加工业的主营业务收入是石油天然气开采业的 1.24 倍，而全国平均水平是 4.38 倍。可见，新疆石油加工、炼焦工业还很薄弱，产业链延伸不够，产品附加值低，产业链上下游比例失调。目前，新疆共有近百家石油化工及炼焦企业，以中石油和中石化国有企业为主。

（3）配套链环。新疆教育基础薄弱、师资力量不足、人才培养环境差，造成了人才短缺严重和整体文化素质低下，不利于新疆经济和社会的发展。同时，新疆交通、通信、电力、水利、物流等基础设施相较东部来说落后不少，不利于石油天然气化工产业链上各个节点企业内或企业间的联系，也不利于外来资本在新疆的投资和原油、天然气及各种石化、气化产品等的外销。

小结：由上述分析可知，新疆石油天然气产业对当地经济社会发展起着举足轻重的作用，是我国石油天然气产业链发展的重要战略基地。新疆石油天然气产业链上游已基本形成规模经济，具有较强的竞争力，但下游的产业规模相对较小，且产业结构不合理，低附加值的粗加工产品产能过剩，而精深加工的高附加值产品缺少，整个石油天然气产业链条较短。

(三) 西部地区能源化工产业链存在的不足

1. 重开采、轻化工，产业链延伸不够。

西部地区拥有丰富的能源资源，但由于存在资源路径依赖，能源开采行业短期的经济利益和对技术和人力资本的要求不高，导致能源富集区惯性地将人力、物力和财力投入到能源开采行业，而对技术、资本和人才要求相对高的能源化工下游产业链投入不足，因此整个能源化工产业链总产值不高。西部能源化工产业以开采工业为主，导致产值在产业链上的分布并不匹配，煤炭开采和洗选业、石油和天然气开采业所占比重大，化学原料及化学制品制造业、化学纤维制造业所占比重小。这同时也带来了产业结构的趋同和产品的低层次化等问题，导致地区间、企业间恶性竞争严重，企业效益差，成为西部资源开发和经济发展的阻碍因素。

2. 对环境影响大，可持续发展堪忧。

西部地区大量能源资源的粗放型开采对生态环境造成压力，可能诱发地质灾害，威胁人类的生存环境。"西煤东运""西气东输""西油东送"等能源工程项目的实施增大了西部能源的开发强度和输出强度，虽然有力地支持了我国能源供需矛盾的缓解，却进一步增大了西部的环境压力，甚至对西部部分能源富集区的经济发展表现出"资源诅咒"效应。同时，在能源的开采过程中，普遍存在资源浪费严重问题，而能源资源是不可再生的，西部能源开采产业链可持续性发展堪忧。

四 西部地区电子信息产业链分析

(一) 西部地区电子信息产业分析

电子信息产业附加值高、关联度大，是西部的战略性产业。2015年，西部地区电子信息产业主营业务收入13516.06亿元，占全国电子信息产业主营业务收入的10.05%；资产总计11106.48亿元，占全国的8.61%；利润总额770.61亿元，占全国的7.46%；就业人数128.6万人，占全国的8.67%。西部地区的电子信息产业主要集中在四川、重庆、陕西和广西，四省份的电子信息产业就业人数占西部地区的93.12%，总资产占西部地区的89.66%，主营业务收入占西部地区的94.47%，利润总额占西部地区的96.5%。西部其余省份的电子信息产业发展水平都很低。2015 年西部地区电子信息产业主要经济指标如表 5-22 所示。

表 5-22　2015 年西部地区电子信息产业主要经济指标

地区	就业人数（万人）	资产总计（亿元）	主营业务收入（亿元）	利润总额（亿元）
内蒙古	0.79	100.07	90.17	0.14
广西	11.32	416.25	1337.33	133.21
重庆	31.83	2517.84	4106.56	162.45
四川	57.76	4473.19	5607	349.46
贵州	3.91	658	417.9	9.84
云南	1.74	150.98	83.59	5.58
西藏	—	—	—	—
陕西	18.85	2551.1	1717.99	98.59
甘肃	1.87	214.27	90.74	10.27
青海	0.1	3.04	4.78	-0.017
宁夏	0.35	17.02	11.41	1.16
新疆	0.08	4.72	48.59	-0.07

注：—表示数据缺失。
资料来源：2016 年《中国工业统计年鉴》《中国电子信息产业统计年鉴》。

从细分行业来看，2015 年，西部电子信息制造业和软件与信息技术服务业的就业人数分别为 71.76 万人和 56.64 万人，分别占西部电子信息业总就业人数的 55.8% 和 44.04%；资产分别为 6573.53 亿元和 4532.96 亿元，分别占西部电子信息业资产总额的 59.19% 和 40.81%；主营业务收入分别为 9044 亿元和 4472.06 亿元，分别占西部电子信息业主营业务收入的 66.91% 和 33.09%；利润总额分别为 300.52 亿元和 470.09 亿元，分别占西部地区电子信息产业利润总额的 39% 和 61%。可以看出，西部地区电子信息产业就业和资产主要集中在电子制造业，但是软件与信息技术服务行业的利润更高，软件与信息技术服务行业的人均创利水平是电子信息制造业的 1.98 倍。

从区域差异来看，四川的软件与信息服务业在西部地区最发达，2015 年主营业务收入 2125.91 亿元，占西部地区软件与信息服务业主营业务收入的 47.54%；利润总额为 315.26 亿元，占西部地区软件与信息服务业利润总额的 67.06%，远远高于其他省；其次是重庆和陕西，利润总额分别为 65.79 亿元和 57.67 亿元；四川软件与信息服务业的人均创利水平最高。电子信息制造业主营业务前三位的依次是四川、重庆和广西，利润前三位的依次是广西、重庆和陕西，广西电子信息制造业的人均创利水平最高，四川的人均创利水平较低。

表 5-23　　2015 年西部地区电子信息产业结构指标

地区	就业（万人）		资产（亿元）		主营业务收入（亿元）		利润（亿元）	
	电子信息制造业	软件与信息技术服务业	电子信息制造业	软件与信息技术服务业	电子信息制造业	软件与信息技术服务业	电子信息制造业	软件与信息技术服务业
内蒙古	0.32	0.27	70.25	29.82	60.07	30.1	-1.4	1.54
广西	8.92	2.4	341.1	75.15	1262.61	74.72	115.37	17.84
重庆	19.53	12.3	1445.56	1072.28	3253.21	853.35	96.66	65.79
四川	32.57	25.19	2825.18	1648.01	3481.09	2125.91	34.2	315.26
贵州	2	1.91	535.97	122.04	307.66	110.24	5.82	4.02
云南	0.67	1.07	64.3	86.68	39.35	44.24	2.91	2.67
西藏	—	—	—	—	—	—	—	—
陕西	6.7	12.15	1146.92	1404.18	578.25	1139.74	40.92	57.67
甘肃	0.96	0.91	137.83	76.44	55.06	35.68	6.11	4.16
青海	0.01	0.09	1.7	1.34	3.57	1.21	—	-0.02
宁夏		0.35	—		17.02		11.41	1.16
新疆	0.08	—	4.72		3.13	45.46	-0.07	—

注：—表示数据缺失。
资料来源：2016 年《中国工业统计年鉴》《中国电子信息产业统计年鉴》。

虽然西部地区电子信息产业的发展水平远低于东部发达地区，但是近年来西部地区电子信息产业发展迅速，行业规模不断扩大，部分产品在国内外已具有一定的知名度和影响力，如重庆的笔记本电脑、成都的软件外包服务等。随着一大批知名电子信息产业企业如 HP、IBM、富士康、英特尔等大型企业的入驻，西部逐渐形成了几大电子信息产业集聚区，如四川成德绵地区、重庆主城、陕西关中地区等，具体情况如表

5-24 所示。

表 5-24　　西部地区电子信息产业主要集聚情况

省份	主要城市（区域）或主要产业园区
四川	成都、绵阳、乐山［成都高新技术开发区、绵阳高新技术产业开发区、乐山高新技术产业园、青城山软件产业基地、锦江工业总部基地、成都金牛高科技产业园、国家信息安全成果产业化（四川）基地、国家集成电路设计产业化基地（成都）、菁蓉港·核芯空间等］
重庆	重庆主城及周边区县（以西永微电子产业园区、两路寸滩保税港区、北部新区、茶园消费电子园、中山元器件园、万州电子材料园等为核心园区）
陕西	西安、咸阳、宝鸡等关中地区（中电子西安信息产业园、陕西省电子集团半导体产业园、中兴通信产业园、华为全球研发基地等）
广西	北海（广西最大的电子产业聚集区）、桂林、南宁是主要聚集中心（南宁富士康产业园、高新区电子信息产业基地、桂林高新区、临桂县、灵川县等工业园区，梧州工业园区等）
云南	昆明市（云南软件园、高新技术园区）
贵州	以贵阳市、遵义市为主，贵阳新天国家片式元件产业园等产业园区

（二）西部地区代表性电子信息产业链分析

下面以重庆、成都为例，分析成都市和重庆市电子信息产业链的发展现状。

1. 成都电子信息产业链分析。

成都是全国电子信息产业的重要增长极，有国家软件基地、国家信息安全成果产业化基地、国家集成电路设计基地。电子信息产业已成为成都的第一大支柱产业。从产业链规模看，2016 年，成都市电子信息产业全产业链（含软件业务）主营业务收入约 4984 亿元，其中，软件与信息服务收入 2350 亿元，从产业链结构看，成都市电子信息产业链结构不断完善，具有较完备的产业体系，现已形成较为完整的电子信息产业链条。近年来，软件及信息服务业占电子信息产业的比重不断提高，应用软件、软件外包、数字娱乐、IC 设计、嵌入式软件、信息安全、信息服务及适用性软件人才培养等重点领域实现了同步发展，已经成为中西部地区软件服务业领军城市。成都市电子信息产业正向着高技术、高品质、高附加值的方向发展。成都作为我国服务外包的示范城市之一，软件外包也取得了较大的突破。随着 IBM、EDS、WIPRO 等大型信息产业公司，再加上音泰思、巅峰软件等本土服务外包企业，成都拥有超过 500 家的软件外包企业，依托这些企业成都软件外包服务业高速增长。目前，成都软件从业人员超过 25 万人，软件企业近 1600 家。成都市拥有规模以上电子信息产品制造企业 500 余家，通过国家工信部认证的软件企业 600 多家。全球软件 20 强企业中有 15 家在成都设有研发机构或产业基地。

依托这些核心企业，成都现已形成了以软件及信息服务业、信息安全、集成电路、电子材料及元器件、网络通信设备、数字娱乐及互联网增值服务等为重点的较完整电子信息产业链体系。伴随着一大批国内外知名的电子信息企业相继落户成都，成都逐步形成了以成都高新区、金牛区、武侯区、锦江区等为主要集聚区的产业集群，以 IBM、WOPRO、银海、巅峰、音泰思为核心的软件服务外包集群，以三零集团、卫士通、迈普为核心企业的信息安全集群，以西门子、华为、中兴、诺基亚等为代表的通信产业集群，以富士通、登峰、科胜讯等为代表的 IC 设计集群；形成了以英特尔、华为、戴尔、德州仪器等为核心企业的从设计、材料、制造到封测的较完整的集成电路产业链；形成了以京东方、深天马、富士康等为核心企业的从原材料到终端生产的新型显示产业链。

虽然成都电子信息产业发展取得了巨大的成就，但在发展中也存在一些不足，特别是与东部发达地区的电子信息产业相比，成都的电子信息产业的发展水平仍存在较大的差距，主要表现在：

（1）产业链发展水平有待进一步提高。虽然成都市电子信息产业发展速度不断加快，2016 年，成都电子信息产业增加值占成都市 GDP 比重超过了 13%，但总体规模仍然偏小，产业链主导链环和关键链环集聚度不够，很多细分行业还没有形成完整的产业链。

（2）配套企业分布零散、配套能力不足。随着成都市近年来电子信息产业的不断发展，配套产业规模、企业数量和技术水平都有了很大的提高，但是配套能力仍然不足以支持电子信息产业的创新发展。例如，集成电路和新型显示产业链都缺少关键材料供应企业。成都市零部件行业的收入只占整个行业收入的 1/8 左右，本地的零部件不能满足省内需求。同时，不同的配套企业所处的产业链位置和技术层次不同，相互之间的交流和合作欠缺。

(3) 龙头企业带动力不够、产业链竞争力不强。目前高端信息产业链的龙头企业还不多,龙头企业和中小企业在技术、人才、资本等资源要素方面差距较大,内部互动薄弱,导致产业链的部分关键环节不能自给。同时,产业内水平和垂直分工水平较低,主导产业的前后侧向联系不足,带动作用不强,呈现出产业门类齐全但整体产业链竞争力不强的发展局面。同时,由于核心技术的缺乏,成都电子信息产业主要处于中低端的装配加工领域,产品在高端领域的市场占有率不高。

2. 重庆电子制造业产业链。

自 2008 年重庆被批准成为国家信息产业高技术产业基地以来,重庆的电子制造业快速崛起,目前已成为全球最大的笔记本电脑生产基地、全球第二大手机生产基地,在集成电路、平板显示等关键核心零部件领域取得突破。2016 年,重庆市电子制造业产值为 4998.7 亿元,同比增长 17.7%。生产笔记本电脑 5842.2 万台(占全球笔记本电脑产量的 40% 左右),显示器 2654.3 万台,打印机 1374.6 万台,手机 2.87 亿台,集成电路 3.3 亿块,集成电路圆片 54 万片,液晶显示屏大屏 145 万片,印制电路板 1767.1 万平方米[①]。2014—2015 年重庆市电子制造业产值及主要产品产量如表 5-25 所示。不难看出,受全球需求下滑影响,从 2014 年到 2016 年,重庆电子制造业中主要产品产业笔记本电脑的产量连续下滑,但重庆电子制造业总产值仍保持持续增长,主要原因是手机、集成电路、液晶面板、显示器等其他电子制造产业的增长。2016 年,重庆市电子制造业的产值构成是:计算机整机及配套产业 2350 亿元(占 48%)、手机及配套产业 1115 亿元(占 22%);电子核心部件、机电、家电、智能仪表等其他电子产业合计 1465 亿元(占比 30%),可见,重庆电子制造业的产业结构较为合理。

表 5-25　2014—2016 年重庆市电子制造业产值及主要产品产量

年份	产值 (亿元)	电子计算机 (万台)	显示器 (万台)	打印机 (万台)	手机 (万台)
2014	4007	6446	1467	1616	9418

① 数据来源:重庆市经济和信息化委员会网站,http://wjj.cq.gov.cn/zhzx/zhxx/83219.htm。

续表

年份	产值（亿元）	电子计算机（万台）	显示器（万台）	打印机（万台）	手机（万台）
2015	4075	6181	1950	1448	17605
2016	4998.7	5842.2	2654.3	1374.6	28700

资料来源：重庆市经济和信息化委员会网站。

值得一提的是，重庆的电子信息制造业之所以能异军突起，很重要的一点是走全产业链培育、集群发展的道路，探索出整机加零部件生产的全产业链整合的模式，通过引进全球IT龙头品牌商，带动整机和零部件企业集聚落户，不断壮大完善产业链。例如，目前重庆已形成了研发+五大品牌商（惠普、宏碁、华硕、东芝、富士康）+六大代工商（富士康、广达、英业达、仁宝、纬创、和硕）+900多家零部件商（以全球最大键盘生产商群光、全球第一大电池封装商新普、全球最大的印刷电路板供应商翰宇伯德，以及华科、展运、精元、巨腾、圣美等为代表）+结算的笔记本电脑全产业链，实现了80%以上的零部件由重庆本地制造；形成了由康宁、京东方、惠科金渝、奥特斯科技、韩国东进化学、日本住友化学等20多家液晶面板上下游企业组成的从玻璃基板、液晶面板、显示模组到显示终端产品的全产业链；由百立丰、国信通、盟讯、融讯、VIVO等87家规模以上手机整机企业、185家手机配套企业以及多家高校、科研机构、鉴定机构组成的从研发设计、摄像头、主板等零部件生产、整机生产到手机质量检测、供应链服务为一体的手机产业链。

重庆目前已形成笔电、智能手机、集成电路、液晶显示、打印机、路由器、交换机、平板电脑、可穿戴设备等多条较为完整的电子制造业产业链，并逐渐涉足高附加值环节，力争电子制造业产业链由中低端向中高端转型。

（三）西部地区电子信息产业链的不足

1. 发展水平不高，处于价值链中低端环节。

尽管近年来西部地区部分省份电子信息产业发展迅速，但无论在规模上还是在所处的产业链、价值链层次上都无法与东部发达地区相比。西部电子信息产业与东部发展差距较大，例如，2015年西部电子信息产业总就业人数仅占广东省电子信息产业就业人数的30%,利润总和仅占广东省利润总额的25.49%。东西部的差距可见一斑。此外,西部地区大多处在中低端的价值链环节,所创造的附加值较小。例如,虽然重庆是西部地区电子制造业发达的地区,是全球最大的笔记本电脑生产基地和全球第二大手机生产基地,但是,重庆电子制造业2015年的主营业务收入仅为广东省的11.06%,创造的利润总和仅为广东省的5.8%。软件与信息服务业是现代信息服务业的代表性行业,但是,西部地区的软件与信息服务业整体发展水平低,2015年,西部地区软件与信息服务业创造的利润总和仅占全国软件与信息服务业的8.15%,占广东省的35%。四川是西部地区软件与信息服务业最发达地区,2015年主营业务收入仅为广东省软件与信息服务业主营业务收入的29.92%,创造的利润仅为广东省的23.47%。

2. 西部电子信息产业链地区分布不均衡、数量少。

西部12个省份的电子信息产业链全都分布在四川、重庆、陕西、广西,如重庆的笔记本电脑产业链,手机产业链,四川和重庆的集成电路产业链、新型显示产业链等,而且数量不多,具有较强竞争力的产业链则更少;西藏、甘肃、宁夏、青海、新疆、内蒙古等省份的电子信息产业几乎为零,没有电子信息产业集群和产业链。

第三节 西部地区产业及产业链分析的主要结论

一 关于西部地区三次产业分析的主要结论

(一) 第一产业特色不足,规模和现代化水平有待提高

利用2016年《中国统计年鉴》农林牧渔业总产值的相关数据计算西部整体及各省份农、林、牧、渔业的区位商,发现西部地区农业、林业和牧业区位商都略微大于1,分别为1.086、1.075和1.098,而渔业的区位商仅为0.317,总体来说,西部的农、林、牧业略高于全国水平,农产品、林产品、畜产品在满足西部消费之后略有剩余,向中部和东部有少量输出;而渔业则是具有显著的劣势,区域内水产品不能满足,需要从其他地区大量输入。

西部地区农业在全国具有相对较大优势的是甘肃、新疆、陕西和贵州，区位商分别为 1.351、1.328、1.261 和 1.202。从农产品产量来看，新疆是全国最主要的产棉区，2015 年新疆的棉花产量占全国棉花总产量的 62.5%；广西是全国最大的蔗糖产地，2015 年广西蔗糖占全国总产量的 64%；云南和贵州是全国烟叶最大的产区，两省 2015 年烟叶产量占全国总产量的 86.7%；调研发现，西部地区虽然从农业产量和产值来看，具有一定的优势，但是，农业现代化进程较缓，农业机械化水平不高，农民人均农产品产量与发达地区差距较大。

西部地区林业在全国具有优势的是云南、广西和贵州，林业的区位商分别为 2.262、1.805 和 1.213，其余地区林业区位商都低于 1，新疆仅为 0.458，劣势明显，需要从外地大量输入林产品。六种主要的林产品中，除木材和油茶籽外，橡胶、松脂、生漆和油桐籽的产量都占到全国总产量的一半以上，分别为 53.8%、57.5%、63.5% 和 54.1%。云南是全国最大的橡胶产地，2015 年产量占到全国橡胶总产量的 53.8%。广西是全国松脂最大的产区，2015 年产量占全国松脂总产量的 45.8%。贵州是全国生漆产量最大的省，2015 年产量占全国生漆总产量的 37.7%。广西是全国最大的油桐籽产地。综合来看，广西和云南是西部地区林业最具竞争力的省份，其次是贵州和四川。

西部地区一半的省份牧业的区位商都大于 1，其中，西藏、青海、内蒙古和四川的区位商分别为 1.811、1.783、1.517 和 1.418，在全国具有明显的优势，有大量的畜产品输出到中部和东部地区。西北的新疆和甘肃曾经是我国传统牧区和重要的畜牧业基地，其畜牧业区位商却小于 1，在全国畜牧业中的重要地位已发生动摇。内蒙古是全国最重大的绵羊毛、山羊毛和山羊绒产区。调研发现，目前西部地区畜牧服务业发展相对落后，畜产品的生产、收购、加工、销售等环节没有得到很好的衔接。

西部地区仅广西渔业的区位商为 1.008，其他省渔业的区位商均在 0.5 以下，西藏、陕西、甘肃、青海、新疆渔业的区位商都在 0.1 以下。

综合来说，内蒙古、云南、新疆、广西、四川、陕西和贵州是西部地区第一产业发展较好的地区；其中四川、云南和贵州的农业和林业资源丰富，并形成了一批具有比较优势和市场潜力的产业，但西部地区农业现代化进程缓慢；内蒙古和新疆在农牧业方面具有优势。西部各省由于地理环境不同，都有各自优势的农林畜产品，但特色不足，产业链条短，区域合作水平低，没有获得规模经济效应和协同效应，竞争力有待进一步提高。

(二) 第二产业采矿业和资源加工产业是长板，先进制造业是短板

第二产业中，西部最具比较优势的是采矿业，其次是烟酒制品业，再次是有色金属冶炼和压延加工业、电力、热力生产和供应业。从发展趋势来看，从2000年到2015年，采矿业整体呈现优势不断增强的趋势，煤炭开采和洗选业的区位商从1.372增加到2.947，石油和天然气开采从1.845增加到3.477，黑色金属矿产采选业从1.089增加到1.67，非金属矿产采选业从2005年的1.266增加到1.771，仅有色金属矿产采选业区位商呈下降趋势，从2000年的2.755下降到2015年的2.152，但一直在2以上，仍然具有明显的比较优势。西部地区制造业的不同细分行业不仅差异较大而且发展趋势也有所不同，可以分成四大类，第一类是优则更优的制造业：以酒、饮料制造业为代表，区位商从2000年的1.564上升到2015年的2.108；第二类是劣则更劣的制造业：以纺织业为代表，区位商从2000年的0.528下降到2015年的0.425；第三类是优势减弱的制造业，以烟草制品业和有色金属冶炼和压延加工业为代表，区位商分别从2000年的3.533和2.228下降到2015年的2.178和1.464；第四类是虽有波动但水平稳定的制造业，以非金属矿物制品业为代表。总体规律是，第二产业中，采矿业和资源劳动密集型制造业是西部地区具有比较优势的产业，而且区位商总体呈上升趋势，矿产资源深加工和技术密集型的制造业则相对较弱，区位商或者小幅波动或者呈下降趋势。

西部地区各省优势工业细分行业的省际差异较大，内蒙古在采矿业和金属冶炼和压延加工业具有绝对比较优势，广西的优势工业细分行业是金属和非金属矿采选业、非金属矿物制品业和交通运输设备制造业。重庆的工业优势产业主要集中在非金属矿产开采业、汽车制造业及交通运输设备制造业、计算机、通信和其他电子设备制造业。四川的优势行业集中在天然气开采业、黑色金属矿采矿业、非金属矿产开采业和酒

业。贵州的优势工业产业主要集中在煤炭开采和洗选业、非金属矿产开采业、酒业和烟草制品业。云南最突出的优势产业是有色金属矿产采选业、烟草制品业和有色金属冶炼和压延加工业。西藏的工业发展极不平衡，除了金属矿开采业和非金属矿物制品业具有绝对的优势外，其他工业细分行业都非常弱。陕西的优势行业是采矿业、石油加工、炼焦业和有色金属冶炼和压延加工业，其中，煤炭开采和洗选业、石油和天然气开采业的区位商为 5.45 和 9.19，优势尤为突出。甘肃的优势工业产业是石油和天然气开采业、烟草制品业、石油加工、炼焦业、金属冶炼和压延加工业。青海采矿业的五个细分行业的区位商都大于 2，具有绝对的优势，其中，石油和天然气开采业的区位商高达 19.9。青海的农副产品加工业、饮料制品业、烟草制品业、石油加工、炼焦业、医药制造业、非金属矿物制品业、金属冶炼和压延加工业也具有优势。宁夏的优势工业产业是煤炭开采和洗选业、纺织业和石油加工、炼焦业和有色金属冶炼和压延。新疆的优势工业产业是煤炭开采和洗选业、石油和天然气开采业、黑色金属矿产采选业、石油加工、炼焦业和有色金属冶炼和压延加工业，其中，石油和天然气开采业区位商高达 14.73，在全国具有绝对的优势。

总的来看，采矿业及资源加工产业是西部大部分省份的优势工业产业，而资本和技术密集型制造业则是西部地区大部分省份的短板，西部地区具有竞争优势的产业集中在与自然资源相关的行业部门，各个省份均具有本地的优势产业，个别产业具有较大的规模优势和竞争优势。但是西部优势产业主要分布在产业链的初级环节，产业链条短，可持续性不强。为长远发展考虑，西部地区工业产业发展应该注重产业的转型升级、向技术密集型产业和资源深加工产业发展。同时，西部各省应继续专注于本地的优势产业，进行专业化生产，通过与西部其他地区进行产业链的分工与合作，实现协同效应、实现可持续健康发展。

西部行业集中度较高的行业多为资本、技术密集型行业以及部分资源开采型产业和自然资源深加工产业，而劳动密集型产业的集中度相比之下较低。同时，西部地区制造业的聚集地主要分布在四川、陕西、重庆、广西、内蒙古、云南六个省份，西部大开发以来，西部地区工业越来越向这 6 个省份集聚，产业发展地区之间的不均衡进一步拉大。其中四川作为西部的经济大省,绝大部分工业行业规模都位居西部前三位。而贵州、甘肃、新疆在部分资源型产业上竞争优势显著;西藏、青海和宁夏没有一个工业细分行业进入西部前三。西部地区工业在空间分布上具有较大的差异性和互补性,为西部进一步的分工与合作奠定了基础。

(三)第三产业传统服务业竞争力减弱,现代服务业亟待发展

西部地区的第三产业在全国的竞争优势不明显,传统服务业竞争力进一步减弱,而现代服务业虽然竞争力不强,但是近年来现代服务业发展势头良好,实力不断增强。从区域发展差异来看,四川省第三产业发展最好,不仅规模最大而且发展均衡;重庆和陕西分别排在第二位和第三位;西藏、青海和宁夏分别排在倒数第一名、第二名和第三名。西部大部分地区现代服务业发展不足,应在充分了解各地区的差异性和互补性的基础上进行分工与合作,共同发展现代服务业。

二 关于西部地区产业链分析的主要结论

(一)建链、补链快,但盈利水平有待进一步提高

近年来,西部众多产业链建链、补链速度很快。例如,重庆的笔记本产业链,从2008年金融危机以后开始引进笔记本电脑龙头品牌商到建成研发+五大品牌商+六大代工商+900多家零部件商+结算的全球最大的笔记本生产基地,只用了短短几年时间。重庆的手机产业链也是在金融危机之后抓住沿海产业转移机会,很快建成了包括近100家手机整机企业和近200家手机配套企业的全球第二大手机生产基地。虽然西部地区近年来涌现了众多发展迅速的产业链,但大多是承接发达地区产业转移的结果,很多产业链的产品已处于生命周期的成熟期阶段,利润看薄,例如,虽然重庆是全球最大的笔记本电脑生产基地和全球第二大手机生产基地,但是,重庆电子制造业2015年的主营业务收入仅为广东省的11.06%,创造的利润总和仅为广东省的5.8%。西部产业链有待挖掘新的利润增长点,提高盈利水平。

(二)产业链地区分布差异大、发展水平参差不齐

西部地区优势产业链通常只在少数几个省集聚,例如,电子信息产业链全都分布在四川、重庆、陕西、广西;装备制造产业链主要环节分布在四川、重庆、广西和陕西;冶金工业产业链主要分布在内蒙古、四

川、云南、广西、陕西和甘肃；能源化工产业链主要集中在陕西、内蒙古、四川和新疆。相对来说，电子信息产业链、汽车制造业产业链、航空航天设备制造业产业链等属于技术含量高、附加值高的产业链；而能源矿产开采和粗加工产业链属于市场需求波动大、附加值低的产业链。由于各产业链环节附加值不同，发展水平和盈利水平不同，区域经济有发展差距扩大的趋势。

（三）产业链短，主要集中在价值链中低端环节

西部地区有丰富的能源矿产资源，主要资源富集区不同程度地存在资源路径依赖和"资源诅咒"效应，人力、财力、物力资源惯性地投向采矿业和资源粗加工行业，而对资源深加工、精加工产业投入不足。例如，西部有丰富的石油、天然气和煤炭等能源矿产，能源化工产业链中，上游的石油和天然气开采业总产值占全国的52%，煤炭开采和洗选业总产值占全国的44%，但下游的石油加工、炼焦及核燃料加工业，化学原料及化学制品制造业，化学纤维制造业的总产值仅分别占全国相应行业总产值的18.7%、12.1%和4.4%。再比如，虽然西部地区黑色金属和有色金属矿产都很丰富，但冶金工业发展相对落后，冶金产业链条短，而且主要集中在金属矿采选和粗加工环节，处在冶金产业链的低端。西部地区黑色冶炼和压延加工业产值仅为东部地区的约四分之一；西部有色金属冶炼和压延加工业的总产值仅为东部地区的一半左右。西部地区产业链主要集中在能源矿产资源开采环节，冶炼加工、化工环节薄弱，竞争力不强，西部地区沦为能源和矿产资源的原料"输出地"，没能实现资源优势向经济优势的较好转化。

（四）部分产业链环节对环境影响大，可持续发展堪忧

西部地区大量的金属矿产资源、煤炭、石油和天然气开采活动可能导致地质破坏，引发自然灾害；大量"三废"的排放对环境影响也很大，对生态环境和生存环境造成压力。"西气东输""西煤东运"等能源工程项目的实施增大了西部能源开发及输出强度，从而进一步增大了西部的环境压力。同时，在能源的开采过程中，普遍存在粗放开采，资源浪费严重问题，而能源和矿产资源是不可再生的，西部采矿产业链可持续性发展堪忧。此外，西部地区相当一部分制造业产业链处在高消耗、高污染的低端环节，存在环境污染和资源耗竭隐患。因此，提高资

源开采和利用效率，保护生态环境，促进西部可持续发展刻不容缓。

（五）区域产业链不够多，但跨区域协同发展需求增加

相对东部而言，西部的区域产业链相对较少，但跨区域配置资源和产业合作需求增加，协同发展的利润空间有待进一步挖掘。西部地区目前制造业区域产业链不够多，这一方面与西部地区经济发展水平有一定关系，另一方面与财政分权制度和地方保护主义有关。但随着西部经济的发展和政府部门发展思维的转变，西部产生了发展区域产业链的现实需求和潜力。西部大开发以来，西部地区整体经济发展水平有所提高，其中四川、重庆、陕西等地区的经济发展速度相对较快，部分产业在西部甚至全国都具有较强的竞争力，当本地资源的利润空间越来越小时，必然产生跨区域配置资源和产业链合作的需求。例如，笔记本电脑产业和汽车产业链是重庆的优势产业链，目前已跨贵州、四川等省形成区域产业链。从理论上讲，每个省的资源禀赋和优势不同，必然在某些产业环节存在绝对比较优势和相对比较优势，通过将产业链环适当地布局在具有比较优势地区，可以实现整条产业链的成本最低和竞争力的提高，从而实现各参与方多赢的结果。因此，将产业链所有环节都布局在一个省内不一定是最优的选择。如第二章所述，西部省份之间有发展区域产业链的基础和潜力，随着经济利益驱使及越来越多的企业和政府部门转变思维，西部区域产业链会越来越多，最终促进西部地区整体经济的共同发展和繁荣。

第六章

西部地区产业联动发展创新机制与模式

本书把区域产业链的本质理解为跨区域整合资源的一种机制。根据西部地区目前经济和产业发展的阶段和水平,采用以区域产业链为载体的区域联动发展方式恰逢其时。将产业链不同环节布局在要素资源最具比较优势的区域,建立经济利益驱动的基于区域产业链的区域互动关系可以达到优化资源配置、提高区域整体竞争力的效果。因此,基于区域产业链的区域联动更具有操作性和持续性。

本章在分析区域联动发展典型机制的基础上,构建西部地区基于区域产业链的联动发展创新机制;然后基于西部地区产业发展水平的差异,结合基于区域产业链的联动发展思路,提出四种基于差异化和区域产业链的西部地区联动发展创新模式。

第一节 基于区域产业链的西部地区联动发展创新机制

一 区域联动发展的典型机制

《新华字典》对"机制"的解释是"有机体的构造、功能和相互关系",因此,区域联动发展的机制是指区域联动发展的各参与主体、要素、各环节的构造、功能及各组成部分之间的相互关系、相互作用及运行原理。根据区域联动发展的主体、目标和手段不同,区域联动发展的典型机制可以分为政府主导的区域联动发展机制和市场主导的区域联动发展机制。

(一) 政府主导的区域联动发展机制分析

1. 政府主导区域联动发展的原因。

政府主导的区域联动发展机制是指在区域联动发展进程中，以中央或地方政府部门为主导，通过运用经济、规划、法规等手段引导要素跨区域流动和组合，形成区域之间分工合作、相互联系和相互作用的机制。在经济社会发展实践中，由于信息不完全和行政分割，区域联动发展面临诸多障碍，政府具有统筹管理社会各项资源的职能。因此，需要政府通过制度安排、统筹规划及提供公共产品和公共服务等方式来促使要素在区域之间较为自由地流动，使不同行政区通过相互合作、互动发展从而产生协同效应。

中央政府主导的区域联动发展目标是实现国家整体经济和社会利益以及为实现整体公平、和谐而体现出的地区或部门利益。有时为了整体利益可能会牺牲局部利益，有时为了一部分地区的利益可能会牺牲另一部分地区的一些利益。"西气东输""西煤东运"等能源工程项目是典型的中央政府主导的区域联动发展项目，对于促进动东、中、西部联动发展、解决我国能源安全、能源供需矛盾和大气污染治理起到了积极的作用，对沿线省份相关产业和经济发展也产生了较大的影响。地方政府主导的区域联动发展目标是为了解决类似于跨区域环境污染治理等跨区域公共事务或者通过联动产生协同效应获得互利共同发展。如部分省份之间为促进经济合作与发展而签订的战略合作框架协议等则是地方政府主导的区域联动行为。政府主导的区域联动发展通常通过自上而下的政策安排、制度设计、行政命令等手段来实现，通常能较快地解决因区域分割而造成阻碍要素自由流动的壁垒。

2. 政府主导的区域联动运行机制分析。

政府主导的区域联动发展运行机制如图6-1所示。首先是中央政府或地方政府基于国家整体利益或者区域整体利益的考虑，为达到既定的目标而做出区域联动发展的决策，从宏观层面对联动区域的发展目标、发展方向、发展思路、发展措施等方面进行全盘考虑和系统梳理，制订区域联动发展规划。例如各类省际合作规划，各类经济区合作发展规划等。同时，为了激励区域联动，政府还可能会制定一些有针对性的专项政策来激励区域分工与合作，创造一定的制度环境，提供适当的公共服务及公共基础设施，来帮助消除技术、资本、劳动力、信息等要素跨区域流动的障碍，从而使区域联动得以顺利进行。区域联动是否能按预定的规划或者期望的方向发展，除了政府的积极推动，还需要各区域及企业等市场微观主体的积极参与，微观主体参与联动的过程中，会由于跨区域配置资源取得的规模经济效益、交易费用的节省或者成本的降低等由于联动发展而产生经济利益，这会成为企业等微观主体参与联动发展的动力；另一方面，微观主体在参与联动发展的过程中，也会由于利益的不一致或者跨区域发展而导致协调管理的增加，这些会构成区域联动发展的阻力。若动力大于阻力，则联动发展得以向政府预设的方向发展；若阻力大于动力，则联动发展难以持续，要素的跨区域流动可能会越来越少。政府还会通过一定措施监督和考核区域联动效果，根据联动的绩效来调整政策措施。

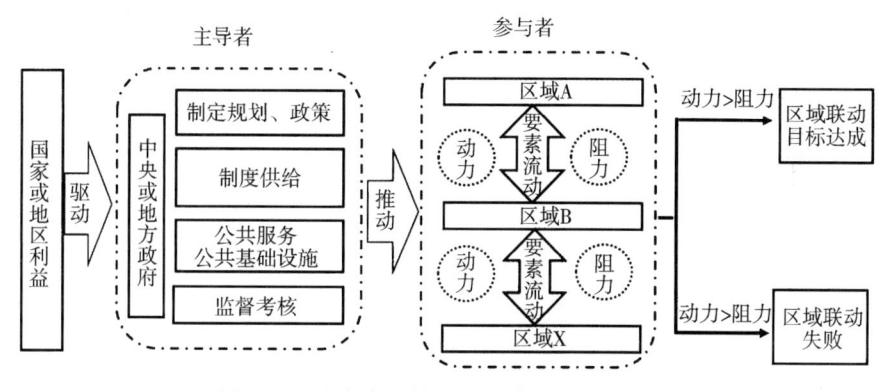

图 6-1 政府主导的区域联动发展运行机制

（二）市场主导的区域联动发展机制分析

市场主导的区域联动发展机制是企业等市场微观主体基于经济利益的驱使，主要依靠市场的力量促使资本、劳动力、生产资料等各种生产要素的跨区域流动而自发产生的资源的跨区域配置和区域的联动发展，是一种以效率为原则、以价格机制来调节的资源的跨区域流动和优化配置，是市场自组织的区域联动机制。如跨区域的企业战略联盟就是市场主导的区域联动发展行为。市场主导的区域联动发展机制的主体是企业。一般情况下，企业主要是基于要素价格、供求关系和竞争关系及风险大小来确定是否参与跨区域资源配置和跨区域开展生产和经济活动，企业参与区域联动发展的目标是追求自身利润的最大化。企业作为理性的"经济人",一般会选择利润大、风险小的联动项目、投资环境好的区位以及有竞争力的合作伙伴。因此,经济利益导向是市场主导的区域联动的基本手段。在市场主导的区域联动发展中,政府一般不干预企业的经营行为,只负责维护市场的正常运行和竞争秩序,只有在出现不正常竞争或者出现垄断等情况下才会进行干预。

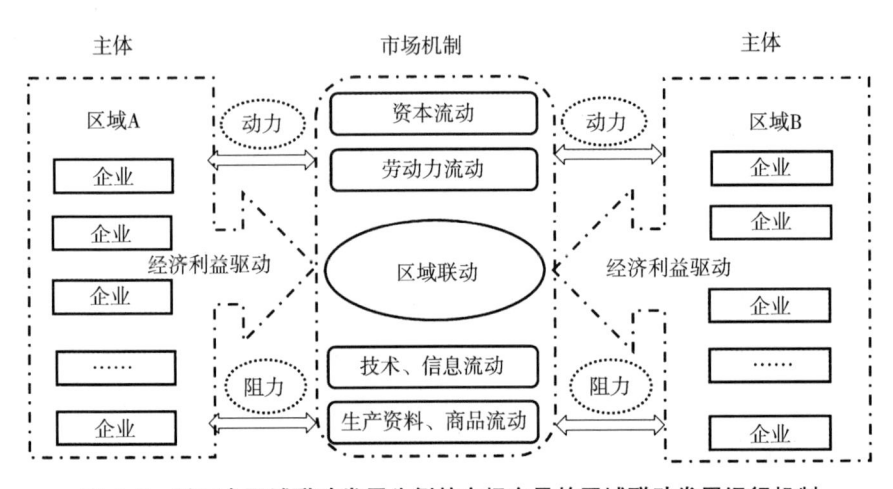

以两个区域联动发展为例的市场主导的区域联动发展运行机制如图6-2所示。企业基于追求自身利润最大化的经济利益的驱使,根据市场上的价格信号选择对自身最有利的区位和能帮助自己实现利润最大化的合作伙伴,由于各区域资源禀赋、技术水平、投资环境不同,决定了要素价格的区域差异,从而产生了资本、劳动力、技术、商品、生产资料等要素的跨区域流动。企业参与跨区域联动的驱动力是经济利益,只要能从区域联动达到利润最大化的目标,企业就有参与区域联动的动力。但在企业参与区域联动的过程中也会遇到地方保护主义、市场分割而产生的不利于要素跨区域流动的阻力。因此,当阻力足够大时,区域联动发展的水平就可能会很低。

图 6-2　以两个区域联动发展为例的市场主导的区域联动发展运行机制

从前面的分析不难看出,以政府主导的区域联动发展能较好地解决因行政分割而造成的区域联动障碍,但是可能会影响市场机制的正常运行而扭曲资源的配置;而以市场机制主导的联动发展可能会由于信息的不完全而形成单个企业的理性却造成整体盲目性的局面，反而降低资源配置的效率。因此，两种典型的区域联动发展机制各有利弊，为了破解目前与发达地区差距拉大的难题，西部地区需要创新发展机制。

二 基于区域产业链的西部地区联动发展机制

基于前面对西部地区经济发展水平、各省份资源、经济与产业发展的差异性和互补性分析，本书认为，西部地区需要整合资源、创新发展机制，从而形成新的比较优势和竞争优势。根据课题组测算的西部地区各省份之间的联动潜力结果，西部地区存在较大的联动发展潜力和基础，那么如何创新联动发展机制使各区域之间产生真正的依赖与互动？课题组认为，针对西部地区现阶段经济和产业发展阶段及特点，采用以区域产业链为载体的区域联动发展方式恰逢其时。

（一）基于区域产业链的区域联动发展运行机制分析

需要说明的是，本书把区域产业链的本质理解为跨区域整合并链接资源的一种经济联动机制。因此，基于区域产业链的区域联动机制是以产业链上下游关联关系和市场机制为的主要驱动因素，辅之以政府和行业组织引导和协调下的资源跨区域流动和配置，形成以区域产业链带动的区域联动共赢发展模式。

基于区域产业链的联动发展机制以企业为主体，同时还包括地方政府。企业在经济利益的驱使下通过市场机制或者在政府或行业组织的引导下选择最优区位或者合作伙伴。产业链跨区域布局主要遵循价值规律，不同区域由于资源禀赋和比较优势不同，要素价格也会不同，产业链上的企业会自发地去适应价格机制和供求关系的变化，根据价格信号和其他的市场信号，为追求最大化利润而选择最优的生产区位或嵌入最具竞争力的配套产业链环，降低成本，获取利润和竞争优势。在这个过程中，企业会通过优胜劣汰的竞争机制筛选，最终大部分企业会基于比较优势形成专业分工，也会产生同类企业在某些区位的集聚，产生外部规模经济效益，进一步增加企业的利润。没有哪个区域拥有产业链所有环节的绝对优势，如果没有区域壁垒，最终会形成区域产业链。

政府在此机制里的作用是制定能发挥本地比较优势的产业引导政策；通过地方政府间协商对话、签订区域战略合作框架协议等方式减少阻碍要素跨区域流动的壁垒，进而助推企业和要素流动向有利于联动共赢的方向发展。

基于区域产业链的联动发展的目的是充分利用各区域的比较优势协同发展，最终实现多赢，企业实现兼顾产业链利益的企业利润最大化，区域实现经济增长、共同发展。基于区域产业链的联动发展运行机制如图6-3所示。

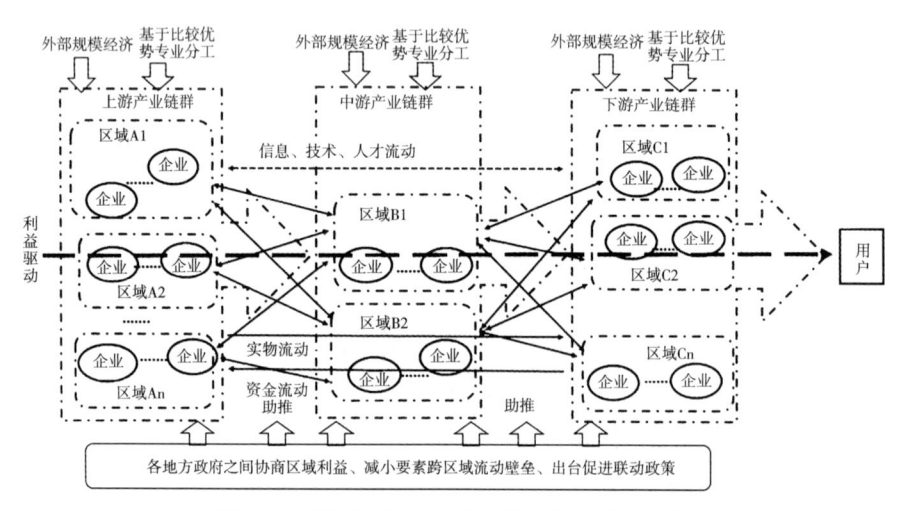

图6-3 基于区域产业链的联动发展运行机制

从图6-3不难看出，区域产业链把上下游的诸多企业及其所在区域通过产业链的关联关系紧密地联系在一起，企业之间、区域之间随着商品的生产和服务的提供而产生大量的信息流动、技术流动、人才流动、资金流动和零部件、半成品、成品等实物流动，这些经济活动及要素流动如同黏合剂一样把不同区域黏合在一起，产生千丝万缕的联系和互动，形成区域联动发展的局面。区域产业链成为维系区域间交流与互动的自组织载体，因此，从某种意义上讲，区域产业链的本质是一种跨区域整合并链接资源的经济联动机制，而且，基于区域产业链的区域联动因为有经济利益的强大吸引力、千丝万缕的关联关系和大量现实的经济活动的互动，这种联动发展会更具操作性和持续性。

需要强调的是，这里是为了从理论上说明基于区域产业链的联动发展运行机制，所以用了包含上、中、下游的完整的区域产业链；在实践中，完整的产业链可能跨越几个国家甚至全球，因此，在一个国家或者更小的范围内，区域产业链可能并不是完整地包含从上游到下游的所有链环，而只是其中一部分链环，但这并不影响基于区域产业链的区域联动效果。

（二）基于区域产业链的西部联动发展机制示例

下面以重庆汽车制造业为链核的区域产业链的部分链环为例说明基于区域产业链的西部联动发展机制，参见图6-4。

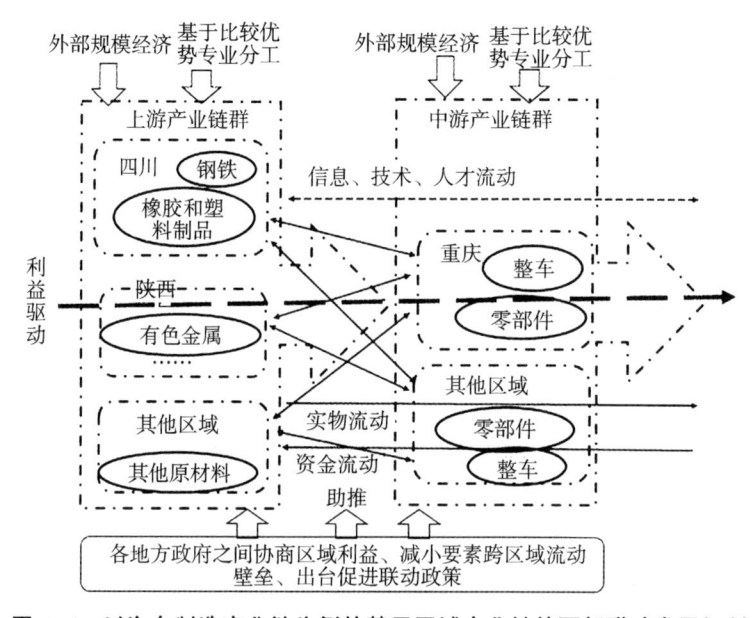

图6-4 以汽车制造产业链为例的基于区域产业链的西部联动发展机制

汽车产业链上游包括钢铁、有色金属、橡胶和塑料制品等各种原材料产业，重庆汽车制造企业在追求利润最大化的驱动下，会基于原材料、零部件的价格、物流成本、空间驱动力等方面权衡选择上游供应商。由于四川在黑色金属采选和冶炼压延加工、橡胶和塑料加工方面具有比较优势，陕西在有色金属采选和冶炼压延加工方面具有比较优势，而且四川、陕西与重庆地缘接近、区域文化相似，不仅可以节约物流成本和时间，还可以降低产业链环之间的交易成本，因此，重庆汽车制造企业很可能会采购四川、陕西的企业原材料。这样，在四川与重庆、陕西与重庆之间就会产生基于汽车产业链上下游供求关系的物流、信息流、资金流及人才流、技术流等，这必然会在一定程度上推进四川、重庆和陕西的联系和互动。这里仅分析了以重庆汽车制造业为链核的区域产业链的部分链环而产生的要素跨区域流动而产生的互动。经济实践中，四川、重庆和陕西之间会有无数的区域产业链环，从而产生无数的物流、信息流、资金流及人才流、技术流等，这些基于产业关联关系的经济交流如同一张密集的网，把四川、重庆和陕西链接在一起，基于比较优势的区域分工以及外部规模经济等会产生巨大的经济利益，驱动三地之间的联动发展。

四川、重庆、陕西的政府部门也在积极通过公共基础设施的建设和互联互通以及各类战略合作协议等方面，降低要素区域流动的障碍，促进川、陕、渝的联动共赢发展，西三角经济区很可能会成为中国第四大经济增长极，并通过扩散效应带动西部地区的发展。

第二节 基于差异化和区域产业链的西部地区联动发展创新模式

模式是从不断重复出现的事件中发现、抽象和归纳出的解决某类问题的方法论和思想体系。西部地区产业联动发展创新模式是对近年来在区域产业联动发展领域的创新性的、较好的方式方法的发现、抽象、提炼和总结归纳，能够从某个侧面为解决西部地区产业联动发展中存在的问题提供新的对策思路和方法。

西部地区经济社会发展既有共性又有差异，第四章已设计综合评价指标体系，使用因子分析与聚类分析甄别出西部制造业、现代服务业和资源型产业发展水平类型区；这里将根据第四章的甄别结果，基于西部地区产业发展水平的差异，结合基于区域产业链的联动发展思路，提出四种基于差异化和区域产业链的西部地区产业联动发展创新模式。

一 现代服务业优势区+资源产业潜力区：基于价值链的区域联动模式

（一）基于价值链的区域产业联动模式分析

根据哈佛大学迈克尔·波特的价值链理论，企业的产品研发设计、生产、销售等经营活动是一个价值制造的过程，各项经营活动组成了一条价值链,其中,产品研发、生产等活动属于价值链的上游环节,生产营销、物流等活动属于价值链的下游环节。不同行业的价值构成有所不同,同一环节在不同行业中的价值构成也可能不同,例如,有的行业的价值创造主要体现在上游环节,有的行业的价值创造主要体现在下游环节,抓住了行业的关键价值创造环节就能主导整条价值链。其实,不同的行业、不同的区域也存在价值创造大小的不同。现代服务业由于知识、技术密集往往位于价值链微笑曲线的两端。

现代服务业优势区是现代服务业发展较好、已成为有竞争力的优势产业的区域。资源产业潜力区是有一定自然资源优势,但由于各种原因,还没有将自然资源优势转化成经济优势的区域。资源产业潜力区往往也同时是经济发展水平相对落后、现代服务业发展水平较低的区域,往往以提供附加值较低的初级产品为主,短期内很难靠自身的力量将自然资源优势转变成经济优势。现代服务业优势区与资源产业潜力区联动的模式是,现代服务业优势区利用金融服务、管理服务、流通渠道、物流服务、品牌运作等具有比较优势的现代服务为资源产业潜力区理顺产业链、通过改进技术与管理、优化流程、品牌包装与运作、整合资源等方式提高产品和产业附加值,帮助资源潜力区提档升级、实现资源和产品的增值。现代服务业优势区与资源产业潜力区联动发展往往可以形成优势互补、共同发展的局面。此模式中,由于现代服务业优势区提供的现代服务业增值服务是知识密集、技术密集、信息密集型服务,难以被替代和超越,创造的价值往往更大,掌握着价值链的关键环节,起主导作用。

(二) 案例分析:重庆咖啡交易中心与云南咖啡种植区的联动

根据第四章经济类型区甄别结果,云南是西部地区的资源产业潜力区,具有一定的资源优势,但还没有将资源优势很好地转变成经济优势。云南的咖啡、烟叶、橡胶等农林产品的产量居全国首位,其中,咖啡的产量占中国咖啡产量的比例高达99%。虽然从湿度、温度及海拔高度等自然条件来看,云南是种植咖啡的好地方,但是,由于种植技术和市场运作能力不足,一直以来,云南以出口低附加值低的初级咖啡豆为主,在国际市场上几乎没有话语权,咖啡产业的经济利益难以保障,融资也困难。而重庆属于西部地区的现代服务业优势区,近年来借助内陆开发高地的打造及"渝新欧"国际大通道,进一步加快了现代服务业的发展。2016 年,重庆利用现代服务业的优势,在自己不种一颗咖啡豆的情况下建成了咖啡要素国际交易市场,以重庆为国际集散中心,连接云南、东南亚、南亚等咖啡产区和欧洲消费市场,打造世界第三、中国第一的咖啡平台。重庆与云南在咖啡产业的联动模式是,重庆依托咖啡交易中心,利用其在现代服务业方面的优势,为云南咖啡提供平台和市场需求动态信息及品质检测等服务,争取咖啡定价话语权,使云南咖啡可以公平议价,并为云南咖啡种植户改进咖啡种植技术并提供资金融通等金融服务。也就是说,重庆利用其在现代服务业方面的比较优势帮助云南整合集咖啡种植、加工、品牌打造、物流、营销、融资、人员培训为一体的全产业链,提高云南咖啡的品质和品牌附加值,实现云南咖啡产业的价值增值。不难看出,重庆咖啡交易中心与云南咖啡种植区的合作互动正是本书提炼出的服务业优势区与资源潜力区基于价值链的区域联动发展模式的典型案例。

二 现代服务业优势区+现代服务业潜力区:基于物流通道的区域联动模式

(一) 基于物流通道的区域联动模式分析

现代服务业既包括利用现代科学技术形成的新服务业态,也包括改造升级后的传统服务业,因此,用现代科学技术改造升级后的现代物流业、现代商贸流通业、金融业、商务服务业都属于现代服务业的范畴。现代服务业优势区一般同时也是具有区位优势、经济发展水平较高的地区,在这些区域,资金、技术、人力资本等生产要素相对丰裕,企业管理水平相对高,发展理念也比较先进,政府公共服务水平也比较高,各方面配套设施和条件较好,产业发展环境更为理想,也往往能培育或吸引有影响力的行业"领头羊",不仅能带动本地发展也能向外辐射。现代服务业潜力区目前现代服务业发展总体水平不高,但在某些方面具有一定的比较优势,具有发展潜力。比如广西北部湾区域具有海运港口、新疆有欧亚大陆桥等资源,这些优势是西部其他地区所没有的。但是,仅靠这些资源,没有资金、人才、技术、品牌、管理等要素的注入,区域发展也很容易受限。因此,现代服务优势区与现代服务潜力区可以基于物流大通道进行优势互补的区域联动,即现代服务业优势区利用资金、品牌运作能力、技术、管理等优势要素激活现代服务业潜力区开发利用不足的物流大通道,共同开发运作,使物流大通道最大限度地发挥潜力,助推区域经济和产业发展,最终实现区域共同繁荣。

(二)案例分析:渝黔桂陇四地基于中新互联互通南向通道建设的区域联动

根据第四章的甄别结果,重庆属于现代服务业优势区。近年来,重庆现代服务业发展速度加快,以十大战略性新兴服务业为重点,形成了一批新兴服务业集聚区,力争到2020年建成国家重要的现代服务业中心城市,其现代服务业在西部地区处于领先位置。2015年11月,中国和新加坡第三个政府间合作项目"中新(重庆)战略性互联互通示范项目"以重庆市作为项目运营中心,物流领域是其中重要的一个合作领域。2017年8月,重庆、贵州、广西、甘肃四地政府签约,共同建设中新互联互通项目南向通道。根据第四章的甄别结果,贵州和甘肃都属于现代服务业潜力区,虽然有一定的发展潜力,但是目前现代服务业发展水平并不高。中新互联互通南向通道是从重庆出发,经贵州、广西到达新加坡,以公路、铁路、海运等多种运输方式,连通到新加坡及东盟各国的国际物流大通道。该项目对于发挥重庆、广西、贵州、甘肃四地的区位优势,集聚要素、整合资源、破解西部发展"瓶颈",构建西部开发和对外开发新格局具有重要的意义。该项目投建的时间还不长,但四地已围绕该项目建设开展了沿线经贸互动、交通物流基础设施、跨区域信息互通等多方面的联动。从这个案例可以看出,作为区域内现代服务优势区的重庆,联合贵州、广西、甘肃等现代服务业潜力区,共同建设物流大通道,不仅加快了现代物流业和现代服务业的发展,同时也将推动四地经济的全面互动共赢发展。

三 制造业发达区+制造业成长潜力区:基于配套链的区域联动发展模式

(一)基于制造业区域配套链的联动发展模式分析

制造业发达区拥有品牌影响力、先进的深加工和组装技术,但随着经济的发展,土地、劳动力等要素成本的提高,这些区域的制造业在市场竞争的驱动下，会产生将配套零部件、初级产品、中间产品的生产转移到成本更低区域的需求。而具有充裕劳动力和土地成本较低，并有一定发展基础的制造业成长区和潜力区则是承接制造业发达区配套转移生产的较好选择。制造业发达区可以采取在制造业成长潜力区寻找配套企业建立合作关系、收购当地企业并注入资金进行技术改造、共建工业园等方式。

制造业发达区与制造业成长潜力区之间基于配套链的区域联动发展模式可以形成"双赢"局面。对于制造业发达区来说，将本区域已经不具备比较优势的产业链环节转移到具有比较优势的区域去，不仅可以降低成本，还可以专注于本地区的核心优势、提档升级、进一步提升区域竞争力，同时也有利于开拓制造业成长潜力区的市场。对于制造业成长潜力区来说，既可以获得资金和技术发展本地具有比较优势的产业链环，培养产业增长点，也可以获得零部件和初级产品的稳定销售市场。这种互利共赢的模式具有强大的内驱力，大量的制造业区域配套链会在区域之间形成频繁的资金、技术、人才及零部件等要素流动，区域间逐渐形成越来越紧密的经济联系和互利共生关系，带动区域联动共赢发展。

(二) 案例分析：渝黔基于制造业区域配套链的联动发展

根据第四章的实证分析结果，四川和重庆是西部的制造业发达区，广西、陕西、贵州等省份是西部的制造业成长潜力区。下面以处于西部制造业发达区的重庆与处于制造业潜力区的贵州在笔记本电脑配套产业链的区域联动发展为例，说明制造业配套产业链如何带动区域联动发展。重庆的笔记本电脑产业链在建链前期主要以本地配套为主，笔记本电脑共有42个配套大类，重庆通过积极招商引资，最终40个配套大类签约落户重庆，将笔电产业链80%以上的配套企业布局在重庆。然而，随着笔电产业步入生命周期的成熟期，本地资源利润增长点越来越难以挖掘时，就产生了与周边省区合作挖掘跨区域优化配置资源利润的需求。2011年，重庆市与贵州省签署《重庆市人民政府贵州省人民政府全面战略合作协议》及五项专项协议，其中很重要的内容是积极引导和推动重庆企业对贵州IT和信息产业投资，在贵州形成给重庆笔记本电脑配套的零部件生产基地。贵州省遵义市桐梓县的重庆（IT）产业园成为黔渝产业合作示范园，嵌入重庆笔记本电脑区域产业链。对于处于制造业高梯度区的重庆来说，由于贵州的土地和劳动力等成本相对重庆来说更低，采购贵州生产的部分笔记本电脑元器件或者在贵州投资建厂生产零部件比在重庆生产成本更低，从而进一步降低重庆笔记本电脑产业链的成本，更具有竞争力；重庆还得以将更多的资源专注于向附加值更高的电子制造产业链环节攀升，促进产业和区域经济向更高水平发展。对于处于制造业低梯度区的贵州来说，通过与重庆的配套合作，既可以充分利用本地劳动力、土地等资源加快经济发展，也可以学习重庆带来的技术和管理经验，加快工业化进程。实际上，贵州不仅是重庆笔记本电脑的配套零部件生产基地，也是重庆汽车产业的零部件生产基地，渝黔两地的产业和经济合作深度不断加深，区域联系也越来越紧密，两地也都取得较快的经济发展。统计数据显示，近年来，重庆和贵州的经济增速都排在全国前列。

四 制造业发达区+资源产业发达区：基于协作开发链的区域联动发展模式

（一）基于区域协作开发链的联动发展模式分析

根据第四章的甄别结果，西部地区的资源产业发达区包括内蒙古、新疆、陕西和四川，这四个省份能源矿产资源都非常丰富，其中，四川和新疆是全国天然气储量最大的两个省份，约占全国天然气总储量的一半。新疆和陕西的石油储量分别居全国第一位和第三位，内蒙古的煤炭储量居全国第二位。然而，除四川以外，其他三个省份的资源优势都没有被很好地转化成经济优势，采矿业虽然有一定的规模，但是资源产业的潜力远远没有发掘出来。尤其是新疆，虽然能源资源储量丰富，但地质勘查程度较低，经济发展水平也很落后，无法单靠自身的能力开发这些资源，需要外来资金、人才和技术的支持。而制造业发达区资金和技术实力相对雄厚，并且对能源和矿产品原材料有较大需求。因此，制造业发达区与资源产业发达区协作开发能源矿产资源可以实现区域"双赢"发展。制造业发达区可以通过协作开发获得稳定的原材料来源和投资收益，资源产业发达区可以获得资金、技术，扩大生产规模、进行技术改造，提高经济效益，资源产业的繁荣还可以带动当地相关产业和经济的发展。区域之间的互利互惠会形成持久的动力，促进更多的协作开发行为，从而在区域之间形成频繁的要素流动以及经济和社会联动。

(二) 案例分析：四川与新疆以能源资源协作开发链带动区域联动发展

四川是西部的制造业发达区，新疆是资源富集区，四川经济基础好，在能源矿产开发方面既有经验也有技术和资金，自主创新能力较强；而新疆虽然能源矿产丰富，但资金短缺、技术落后，因此，两省份具有较强的互补性。四川和新疆都属于西部多民族地区，具有良好的合作基础。两省份近年来一直在积极推进能源资源的合作开发，促进煤炭、矿产、天然气、石化等开采和加工产业链的延伸和衔接。四川利用水电设备、太阳能光伏、风电设备等研发优势投资新疆的水电开发。四川企业积极协作打造新疆矿产开发基地，合作勘探开发新疆西昆仑、天山—北山、阿尔泰成矿带，推进新疆矿产资源综合开发与利用。两地政府则通过签订全面战略合作框架协议、推动重大基础设施建设、举办招商推介会等多种方式推进两省份的交流与合作。两地不仅协作开发能源矿产资源，也协作开发旅游资源，并在科技、文化、商务贸易、人才和劳务等方面合作。四川年均向新疆输出劳务50多万人次，有近200万人在新疆投资、工作和生活，并有大量资金投资新疆。"疆煤入川""疆电入川"极大地解决了四川制造业及经济发展的能源供应问题，协作开发的能源矿产资源等项目也取得了较好的投资回报。四川和新疆充分利用各自的比较优势，用协作开发产业链带动了两地经济社会的联动发展。

第七章

西部地区产业联动发展的路径与政策优化

基于区域产业链的区域联动发展是遵循产业之间的关联关系、在经济利益驱动下生产要素跨区域配置而形成的区域间联动发展过程。这个过程不是一蹴而就的，是遵循市场规律循序渐进的演进过程，也是中央政府和各地方政府规划引导、协调对接与政策助推的过程。区域产业联动发展既需要充分发挥市场在产业资源跨区域配置中的基础和主导作用，也需要充分发挥政府政策引导和推动作用。因此，本章首先基于更好地发挥市场力量的角度提出了西部地区产业联动发展的路径，然后基于更好地发挥政府在西部地区产业联动中的作用角度提出政策优化建议。

第一节 西部地区产业联动发展的路径

一 从政府推动过渡到市场驱动

从短期来看，虽然企业是区域经济联动的微观主体，应该主要靠市场机制来驱动区域产业联动发展，但是从现阶段西部地区经济发展的总体情况来看，市场体系发展还不够完善，市场功能还不够完善；而且西部地区区域分工模糊、产业同构、产业链条短等不利于产业联动的现象短期内无法消除。因此，现阶段要推动西部区域联动发展，离不开政府的规划、推动和协调，需要同时发挥市场利益驱动和政府宏观引导推动的作用。

从中期来看，随着部分地区经济和市场发育的成熟，以及产业和经济发展水平的提高，则可以采取差别化的推进手段，即让市场机制在相对发达地区之间的联动发展中发挥更主导的作用,以市场驱动为主,而对相对落后地区的联动进行政策倾斜和扶持,以政府引导为主。

从长期来看,随着西部地区市场机制的不断完善、市场化程度和区域整体经济发展水平的提高,以及区域分工格局的逐渐形成,政府则可以逐渐减少甚至退出对区域产业链布局及区域联动经济行为的干预,主要做好公共服务并维护好公平的市场竞争环境,让市场要素可以在区域间按照市场机制相对自由地流动,微观企业主体及企业联盟则在区域产业联动中发挥主导作用。

二 从区域产业链的逻辑起点出发到顺势而为

区域联动最重要的方面是区域经济联动,而区域经济联动最重要的桥梁和载体是区域产业链,因此,区域联动很重要的方面是产业链跨区域的延伸、接通与协调。区域产业链建链、补链、延伸的逻辑起点是各区域及产业链环上的各企业基于自身比较优势和竞争优势的客观分析专业化地从事本区域或本企业最具竞争力的链环,将不具竞争力的链环交给其他区域,从而最大化地发挥区域或企业的比较优势。因此,各省份应从这个逻辑起点出发,基于各自的比较优势,找准自己最具竞争力的链环,并从不同的经济技术角度向前或向后延伸产业链,搭建起若干条或长或短的产业链。一般来说,一个区域不可能在所有的产业链环上都具有优势,因此,大部分经济区域都只可能有某一个或几个产业链环节或片段,而不可能拥有完整的产业链条。区域之间总是有自然地理条件和经济技术差异的,这些差异便构成了区际分工的客观基础,也为区域产业链跨区域延伸提供了可能性。例如,内蒙古、新疆虽然能源矿产资源优势,但是科技发展水平不高,四川、重庆等地则在技术和资金方面有一定优势,广西则具有西部其他地区所不具有的海洋资源优势以及与东盟国家海陆相邻的区位优势。经济利益会驱动每个地区为了自身利益最大化而进行合理分工,促使产业链在不同地区间不断地延伸。在有了基础的区域产业链雏形后,各地区或企业只需按照自身的优势条件,找准比较优势,在开放的区域范围内,顺势而为地把最具比较优势的产业链环与其他链环接通延伸,进行产业链的空间重组,形成更大范围内的区域分工与区域产业链,并通过不断追加资金、技术及劳动力等要素投入,获得投资增值。对于区域来说,区域产业链的繁荣可以获得规模经济效应和范围经济效应,最终促进区域经济实力的增强和区域竞争力的提高,达到联动共赢的结果。

三 依托现有的优势区域产业链进行拓展,从典型示范到全面推广

区域产业链的形成和区域联动都是基于现有的产业和经济发展基础而产生的,西部地区区域产业链的延伸可以依托现有的优势区域产业链进行拓展,区域联动可以采取从典型示范到全面推广的路径。

西部地区优势产业链既有传统的资源密集型产业链,如石油天然气开采产业链、黑色金属矿采选加工产业链、有色金属采选加工产业链、煤炭采选及煤化工产业链、非金属矿采选及加工产业链等,也有技术和资本密集型的现代制造业产业链,如汽车制造产业链、电子信息产业链、专用及通用设备制造产业链等。从前面的分析知道,西部地区资源密集型产业链条短,主要集中在开采环节,冶炼加工和化工环节薄弱,沦为了能源和矿产资源的原料"输出地",没能实现资源优势向经济优势的较好转化。西部地区可以创新思维,通过多种形式的区域联动依托自身具有比较优势的资源型产业尽可能地延伸产业链,提高技术水平和产业链附加值,最终实现区域经济发展。如我们前面分析过的四川与新疆以能源资源协作开发链带动区域联动发展的模式就值得在西部的资源富集区广泛推广。四川、重庆等地无论是市场发育程度还是经济发展水平,都是西部地区制造业相对发达的地区,应该依托这些地区的汽车制造产业链、电子制造产业链、装备制造产业链等优势产业链,进一步深度挖掘区域比较优势进行优化调整。由于区域的某些比较优势是动态变化的,四川、重庆等地完全可以将本地已经不再具有比较优势的某些制造业产业链环转移到生产成本更低的地区,只在本地发展更具有比较优势的知识和技术密集的产业链环节,这样便形成以区域产业链为载体的充分利用各个地区比较优势的区域联动发展。前面分析过的渝黔基于制造业区域配套链的联动发展模式则可以在西部制造业分地区推广。欠发达地区的经济联动既有和发达地区联动发展相通之处,但也有其特殊问题,因此,西部地区的联动发展可以采取从典型示范到全面推广的路径。

四 从松散合作到紧密联动

基于区域产业链的区域联动发展的基本逻辑是基于市场机制的区域联动发展的，无论政府如何引导推动，最终都会表现为市场作用下的真实结果。因此，基于区域产业链的区域联动发展一般会经历从松散合作到紧密联动的路径。

区域产业链是由分布在不同区域的具有上、下游产业关联关系的若干链环构成的，而产业链环是由生产或提供相同或相似产品或服务的企业构成的。因此，区域产业链上微观主体对最优区位的追逐引致了产业链环的区域空间分布。不同的产业链环最优区位的选择标准会不一样。比如，对劳动密集型产业链环来说，劳动力充裕的区域则是最优区位；对资源开采加工型产业链环来说，资源禀赋好且交通等配套设施好的地方则是最优区位；从长期来看，在经济利益的驱动下，产业链环的众多企业最终会向最优区位聚集，但聚集的过程可能会是漫长的，比如，由于信息不对称和市场机会的动态变化，企业可能无法准确地判断最优区位在哪里，或者虽然知道最优区位在哪里，却由于区域壁垒等原因而无法自由选择。无论人为干预或者其他扭曲市场自由选择的因素如何，从长期来看，产业链环的区位选择最终都会被市场所纠正。可见，产业联动发展只能引导而不能通过行政命令进行，因此，在区域产业联动的起步阶段必然变现为少数企业在少数项目上的合作探索并不断做适应性调整，在整体上变现出松散性、零星性和动态性。随着前期合作的成功，企业必然会加大投入，并逐步拓展合作领域，例如，前期可能是小规模地投资办厂合作，市场打开之后可能会扩大投资规模，后期可能会水平拓展到相关具有范围经济效应的领域或垂直拓展到上下游链环实现纵向一体化，从而产生大量而频繁的人才、技术、信息和资金等要素流动，并产生累计效应和扩散效应，形成相对稳定而紧密的区域联动。

第二节 西部地区产业联动发展政策优化建议

一 西部地区产业联动发展现有主要政策文件分析

根据所覆盖的区域范围不同，西部地区产业联动发展有较大关系的政策文件可以分为以下两大类：

（一）与西部地区整体产业联动发展有较大关系的政策文件

自2000年党中央、国务院作出实施西部大开发战略重大决策部署以来，国务院已于2007年、2012年和2017年先后批复实施了《西部大开发"十一五"规划》《西部大开发"十二五"规划》和《西部大开发"十三五"规划》，这些五年规划从宏观层面统筹和引导西部大开发工作，其中关于西部地区产业优化布局、区域间经济和产业互动合作、产业转型升级、区域基础设施网络完善等内容对西部地区产业联动发展具有重要指导意义。例如，《西部大开发"十三五"规划》指出："支持西部地区与东中部和东北地区、西部省份之间依托现有机制，建立完善合作平台，开展跨区域合作。积极参与推进长江经济带发展和京津冀协同发展，深化泛珠三角、泛北部湾等区域合作，建立毗邻地区衔接机制，促进区域一体化和良性互动。引导东中部地区产业向西部地区有序转移，加强产业转移示范区建设，研究提出支持东西部地区制造业对接发展的政策措施，鼓励东部地区制造业到西部沿边地区投资设厂、建立基地，共同开拓周边国家（地区）市场。探索建设'飞地产业园区'、跨省合作园区等合作模式，鼓励和支持沿海发达地区与西部地区共建进口资源深加工基地和出口加工基地。推动重庆、成都、西安、贵阳、昆明等西部地区中心城市加强经济协作，探索合作机制。支持重庆綦江、万盛和贵州遵义开展渝黔合作先行区建设。支持川滇黔结合部打造赤水河流域合作综合扶贫开发试验区。支持宁蒙陕甘毗邻地区完善协同发展机制。加强推动跨省份基础设施对接，着力打通断头路。在海关通关、检验检疫、多式联运、电商物流等方面加强合作，提高经济要素跨区域流动效率。"① 这些内容对西部地区产业联动的方向和方式具有重要的指导意义。此外，《西部大开发"十三五"规划》提出"构建以陆桥通道西段、京藏通道西段、长江—川藏通道西段、沪昆通道西段、珠江—西江通道西段为五条横轴，以包昆通道、呼（和浩特）南（宁）通道为两条纵轴，以沿边重点地区为一环的'五横两纵一环'西部开发总体空间格局"，"加快以成渝、关中—天水、北部湾、珠江—西江、

---

① 国家发展和改革委：《西部大开发"十三五"规划》，http：//www.ndrc.gov.cn/zcfb/zcfbtz/201701/W020170123326950412269.pdf。

天山北坡等重点经济区为支撑的核心增长区域建设，推进兰州—西宁、呼包银榆、黔中、滇中、川南、藏中南、酒泉—嘉峪关等次级增长区域发展"，① 这些内容为引导西部地区生产要素流动、产业集聚、区域产业协调协同发展指明了方向。

2018年11月18日中共中央、国务院发布《关于建立更加有效的区域协调发展新机制的意见》（以下简称《意见》），提出了一系列操作性很强的重要举措和工作任务，包括建立区域战略统筹机制、健全市场一体化发展机制、深化区域合作机制、优化区域互助机制、健全区际利益补偿机制、完善基本公共服务均等化机制、创新区域政策调控机制、健全区域发展保障机制、切实加强组织实施。该《意见》加强了中央对区域协调发展新机制的顶层设计，明确了地方政府在区域协调发展中的实施主体责任，有利于发挥各地区比较优势和缩小区域发展差距，促进我国区域协调发展向更高水平和更高质量迈进。《意见》中提出的举措和工作任务对指导西部地区产业联动发展有重要的指导意义，例如，《意见》提出："支持发达地区与欠发达地区共建产业合作基地和资源深加工基地""建立发达地区与欠发达地区区域联动机制""鼓励企业组建跨地区跨行业产业、技术、创新、人才等合作平台""加强城市群内部城市间的紧密合作，推动城市间产业分工、基础设施、公共服务、环境治理、对外开放、改革创新等协调联动""鼓励资源输入地通过共建园区、产业合作、飞地经济等形式支持输出地发展接续产业和替代产业，加快建立支持资源型地区经济转型长效机制""动态调整西部地区有关产业指导目录，对西部地区优势产业和适宜产业发展给予必要的政策倾斜"，② 这些意见对于西部地区企业、城市群、不同类型的区域如何进行产业联动并最终实现区域协调发展提供了极具针对性和操作性的指导。

此外，《国务院关于进一步推进西部大开发的若干意见》《中共中央国务院关于深入实施西部大开发战略的若干意见》《国务院办公厅关

---

① 国家发展改革委：《西部大开发"十三五"规划》，http://www.ndrc.gov.cn/zcfb/zcfbtz/201701/W020170123326950412269.pdf。

② 《中共中央 国务院关于建立更加有效的区域协调发展新机制的意见》，http://www.gov.cn/zhengce/2018-11/29/content_5344537.htm。

于应对国际金融危机保持西部地区经济平稳较快发展的意见》《国务院关于中西部地区承接产业转移的指导意见》《中西部地区外商投资优势产业目录》以及有色金属、钢铁、汽车、装备制造业、电子信息等产业调整和振兴规划等文件中关于西部地区产业布局、产业结构调整、产业发展的指导意见对于西部地区产业联动发展也具有引导和促进作用。

(二) 与西部局部区域产业联动发展有较大关系的政策文件

与西部局部区域产业联动发展有较大关系的政策文件主要是国务院批复、国家发展改革委印发的跨省经济区和城市群规划,例如:《成渝经济区区域规划》《成渝城市群发展规划》《呼包鄂榆城市群发展规划》《陕甘宁革命老区振兴规划》《川陕革命老区振兴发展规划》《关中—天水经济区发展规划》《关中平原城市群发展规划》《兰州—西宁城市群发展规划》《北部湾城市群发展规划》等。这些规划中有关区域产业布局、区域产业分工与协作的内容对经济区或城市群产业联动发展有重要的指导意义;这些规划中有关建立健全区域要素市场一体化、基础设施互联互通、公共服务一体化、区域利益协调机制等区域协同发展的内容致力于减少地方保护和地区封锁、突破行政区限制和体制障碍,为改善西部地区产业联动发展的环境和条件提供了政策引导。

二 现有政策和体制在促进西部地区产业联动发展中存在的问题

(一) 现有部分政策贯彻落实不到位,西部地区产业联动发展缓慢

政府制定的规划和指导意见等相关政策文件是自上而下、从宏观和大局上把握发展思路和方向的,需要各地方政府和各有关部门对重点任务进行分解,各司其职,积极研究制定具体政策举措并落实执行。例如,甘肃、陕西两省围绕《关中—天水经济区发展规划》确定的发展目标和发展任务,签署了《实施关中—天水经济区发展规划战略合作框架协议》,进一步明确两省的合作内容和合作机制。甘肃省政府发布了《关中平原城市群发展规划实施方案》,陕西省政府出台了《陕西省〈关中平原城市群发展规划〉实施方案》,推动关中平原城市群高质量发展。广西壮族自治区人民政府出台了《北部湾城市群发展规划广西实施方案》。在实际执行过程中,由于缺乏刚性约束,没有对应的具体考

核指标和报告制度,许多规划和指导意见没有得到很好的落实和贯彻执行;有些政策的贯彻实施需要诸多部门密切配合、通力协作,如果协调机制运行不畅,也会使政策实施效果大打折扣。西部地区部分现有相关政策贯彻落实不到位,使区域产业联动发展推进缓慢。

(二) 现有政策对西部地区产业联动发展针对性指导不足

现有政策大多是区域经济社会发展总体规划和指导意见,虽然其中也有区域产业布局和区域经济合作的相关内容,但对西部地区产业联动发展的针对性指导不足。西部地区资源丰富,但生态脆弱,要缩小区域差距、实现区域协调发展,需要国家因地制宜,加大政策倾斜力度,有针对性地制定区域产业和经济发展差别化政策。西部地区推进区域产业联动发展,除了通行的区域综合政策外,还需要针对西部地区产业和经济发展特殊情况的区域专项产业发展政策以及相关的顶层设计和系统谋划。

(三) 现有政策不能很好地规范和引导区域产业合作组织发挥更大作用

区域产业合作组织对产业联动发展有积极作用,西部地区有越来越多的各类产业合作组织,例如(中国)西部珠宝产业发展合作组织等各类区域性的行业合作组织,也有中国西部医药协会联盟等联盟性质的合作组织,还有各类生产型的区域合作组织和科研型的区域合作组织。各类产业合作组织对凝聚行业共识、产业链上下游企业合作、促进企业和行业的信息交流与联动发展起到了一定的作用。但是,这些合作组织大多是松散型的,职责不清,缺乏必要的组织保证和政策引导,大部分合作流于形式,无约束力,协调无力,难以解决参与区域产业合作的企业遇到现实问题,反而增加了不必要的合作成本。为促进西部地区产业联动发展,需要相关政策规范和引导行业合作协调机构为企业和市场提供更好的服务。

(四) 现行体制不利于构建区域间产业分工协作网络,影响西部地区产业联动发展

产业之间的分工协作网络是产业联动发展的重要基础,但在财政分权体制下,地方经济增长与当地财政收入直接相关,同时也与地方政府官员的考核评价相关,地方政府官员有在任期内较快发展地方经济的激

励,争先恐后地发展热点产业或一些所谓的战略性产业,而有些产业可能并不能很好地发挥本地的比较优势或者并不适合在本地大力发展。查阅西部各省"十三五"战略性新兴产业发展相关规划发现,西部地区有10个省份分别提出发展生物医药产业、高性能复合材料产业;有9个省份分别提出发展大数据产业、信息技术核心产业、轨道交通产业、特种金属功能材料、高端金属结构材料、先进高分子材料、前沿新材料、风电产业;有8个省份分别提出发展整车和动力电池产业、生物农业产业、新型无机非金属材料,7个省份分别提出发展航空产业和卫星及应用产业、"互联网+"产业。高度重合的产业发展规划可能会导致招商引资的过度竞争和重复建设,不利于西部区域间产业分工协作网络的形成,进而影响区域产业联动发展。

(五) 区域利益协调机制欠缺,跨区域产业联动的行政壁垒仍然存在

地方利益是区域产业联动中地方政府的重要关注点。由于欠缺区域利益协调机制,地方政府之间的博弈可能陷入"囚徒困境",为了本地区利益往往采取地方保护主义,设置企业跨区域合作和生产要素跨区域流动的行政性壁垒和政策障碍,降低了整体资源配置的效率,不利于区域产业联动发展。此外,目前还没有形成完善的区域经济政策体系,各项区域政策衔接不畅,各地方政府制定的政策标准和执法标准难以统一,地区经济的调控和利益协调机制缺乏,无形中增大了地区经济管理权限和地方利益保护空间,阻碍了区域产业联动的推进。

三 优化西部地区产业联动发展政策建议

(一) 加强政策执行情况监督,建立健全政策实施和评价机制

产业联动相关政策指明了产业联动发展的战略重点和方向,政策制定后要切实贯彻执行和精准落地才会产生预期的效果。针对西部地区产业联动发展相关政策贯彻落实不到位的问题,应进一步明确各地方政府推进区域产业联动发展中的责任和义务,完善实施工作程序,加强政策实施和推进情况的跟踪与监督,建立政策执行情况定期报告制度,加强阶段性评估,密切监控政策执行中的突出问题,及时采取改进措施。对需要多个部门和区域通力协作、相互配合才能有效贯彻落实的政策,应明确各地区和各有关部门在区域产业联动发展中的职责,建立沟通和协

调工作机制和程序。引导社会智库研究和发布产业联动发展政策贯彻实施评价指标体系，科学、客观地监督和评价有关政策的执行情况。

（二）加大制度供给，为区域产业联动创造良好的制度环境

虽然区域产业联动主要是企业在市场机制下追逐利益最大化的结果，但是，完全基于市场机制的区域产业联动可能会导致对区域公共资源的过度滥用和环境污染等负外部性，还可能会造成产业基础好的地区形成正反馈、产业基础差的地区形成负反馈，使区域经济发展差距越来越大，影响整个西部地区经济的健康发展。此外，西部地区生态环境比较脆弱，要素市场和商品市场还不够完善，部分地区产业同构现象严重。因此，需要政府加强宏观引导和制度供给，构建合理的激励机制推动产业依托现有基础拓展区域产业链、加强产业间跨区域的纵向和横向协作与协同，制定科学的区域产业经济发展政策，为产业跨区域联动创造良好的制度环境保障。政府相关部门在综合考虑西部地区生态环境承载力、经济和社会发展基础及各地区比较优势的基础上，制定更有针对性的产业规划和专项产业政策，对西部地区适宜发展的区域产业链给予必要的政策支持。治理区域产业链运行的软环境，减少市场个体理性导致的集体非理性行为，降低区域产业趋同和重复建设，引导形成能充分发挥各地区比较优势的区域产业分工与协作格局，促进区域产业升级和联动发展，获取规模经济效应和协同发展效应，形成区域整体优势和共赢局面。

（三）规范和引导非政府组织在区域产业联动发展中更好地发挥作用

行业协会、商会、企业联合会等非政府组织可以协调企业之间的生产和经营活动，有助于产业联动发展。区域产业链的建立和有序发展离不开行业协会的协同和促进作用。行业协会可以起到维护市场竞争秩序、规范市场行为、研究行业发展动向、促进区域产业链有序发展等作用。现阶段，西部区域之间还存在不同程度的区域同构现象，企业在开放的区域环境中竞争，由于竞争的加剧，可能会出现恶性竞争等现象，行业协会可以起到协调和化解行业矛盾的作用。同时，行业协会是企业自发组织的处于企业和政府之间的民间组织，可以在政府和企业之间充当桥梁作用。众多微观企业对公共服务的需求或者需要政府层面的支持

和帮助可以通过行业协会反映给政府有关部门；政府对区域产业发展的政策和指导意见也可以通过行业协会更好地传达给企业，从而保持企业和政府之间畅通的沟通渠道。各类商会对区域产业链和区域联动发展也有积极的促进作用。各省商会之间可以互相协调，定期组织会员企业进行跨省招商洽谈，举办大型展会和研讨会，增进企业之间信息共享与合作交流，有助于区域产业链构建和区域产业联动的有序推进。应鼓励权威性的跨区域行业自治组织积极参与协调跨区域产业联动发展中的问题和矛盾，帮助搭建产业跨区域联动网络，参与协调区域之间、企业之间以及政府和企业之间的关系，为产业跨区域发展提供帮助和信息交流平台。政府相关部门应密切关注行业协会等各类行业自治组织运行中普遍存在的问题，适时出台相关的指导性法规，适当地规范和引导其健康发展，以便激发各类产业合作组织在区域产业联动中更好地发挥协调和促进作用。

（四）厘清政府与市场的关系，提供良好的公共服务助推区域产业联动发展

区域产业链的形成和维系最终会体现为微观主体的市场选择和结果，因此，需要科学界定政府在区域产业联动中的宏观调控职能和作用，政府对区域产业链的引导和推动不能替代市场的作用，应该以不扭曲市场竞争机制为原则。政府政策应以间接引导为主，不直接参与区域产业链的决策，只充当促进者和中间人，维护公平有序、开放平等、规范透明的区域市场秩序，创造有利于要素跨区域自由流动的外部环境。区域产业联动发展必不可缺的公路铁路、港口码头等基础设施属于"公共物品"，由政府提供更有效率。西部地区有关政府部门应依据产业和经济发展的实际需要，适时加大区际交通、水利等基础设施建设的投入，增进基础设施跨区际互联互通，搭建跨区域产业信息交流平台、技术创新平台、企业对接平台等跨区域公共服务平台，规制公平、公正的区域产业联动发展市场秩序和环境，提供良好的有利于生产要素和商品跨区域流动的公共产品和服务，助推西部区域产业链的形成和区域产业联动发展。

（五）建立区域利益协调机制，减少产业跨区域联动的行政壁垒

区域产业联动发展重要的前提条件之一是资本、劳动力等生产要素

可以相对自由地在区域间流动，如果地方保护主义壁垒高筑，则区域产业链难以形成，区域间联动共赢的局面则无法实现。西部跨区域产业联动中遇到的行政壁垒和障碍，归根结底是区域利益协调机制欠缺导致的"囚徒困境"。因此，要切实推进西部地区产业联动发展，必须要建立有效的区域利益协调机制，打破区域之间的行政壁垒，促进生产要素和产品在区域间自由流动。一是充分发挥中央政府在西部地区产业联动中宏观协调区域利益的重要作用，建立合理的区域利益协调和补偿机制，制定和实施能兼顾各方利益的国家层面的区域利益协调政策，克服地方政府竞争博弈而带来的整体利益损失。二是地方政府转变狭隘的地方保护主义观念，充分认识到区域基于比较优势分工合作的好处，树立合作共赢的开放理念，尽可能地减少要素流动的障碍，最大限度地消除区域市场壁垒和地方保护，形成地方政府间有效合作的机制，降低区域间的交易成本和负外部性，促进生产要素在区域间自由流动和优化配置，实现更大空间的比较优势。三是成立跨行政区的区域利益协调机构，制定跨区域产业联动发展战略、配套政策及相关考核指标；完善合作规则，协调区际利益，制定利税分享制度，按贡献分享区域产业联动带来的利益，探索区域产业联动发展利益协调的长效机制。

（六）优化地方政府政绩考核评价制度，健全地方政府间协调与对接机制

在经济增长和税收收入政绩考核下，地方政府为了本地区的经济利益和税收来源容易陷入招商引资的过度竞争，竞相发展热点产业容易造成区域产业同构和要素在本地区封闭循环，最终导致整体效率的降低。要破解地方政府博弈的"囚徒困境"，可以优化地方政府政绩考核评价制度，例如，在现行政绩考核基础上叠加一定权重的区域产业联动和区域经济合作方面的考核。优化后的考评制度旨在引导地方政府重新权衡区域竞争与区域合作的损益，当寻求区域产业联动和经济合作的收益大于割据市场重复建设所能得到的收益时，地方政府间的竞争博弈就转换成了合作博弈。

基于合作博弈，西部各省份之间应该建立区域经济联动发展沟通协调机制，定期召开协调会议，就区域产业发展规划、产业合作、基础设施衔接、信息共享、区域利益协调机制等方面进行交流，达成共识，并

形成协议。构筑区域性合作平台，建立各省相关职能部门的对接机制，及时协调和解决产业联动发展过程中出现的新问题。协同制定产业政策，做好各省产业发展规划的对接，减少产业结构趋同而引发的区域间利益冲突和过度竞争，从宏观层面客观分析西部各省的比较优势，形成富有竞争力的区域产业分工与协作网络，错位互补发展，最大限度地获取产业联动发展的协同经济效应，实现西部地区产业联合互动、经济共同发展。

参考文献

艾伯特·赫希曼：《经济发展战略卷》，潘照东、曹征海译，经济科学出版社1991年版。

安虎森、高正伍：《经济活动空间聚集的内生机制与区域协调发展的战略选项》，南京社会科学出版社2010年版。

敖丽红：《区域间创新联动发展机制与对策研究——以辽宁沿海经济带与长吉图区域为例》，知识产权出版社2012年版。

奥古斯特·勒施：《经济空间秩序：经济财货与地理间的关系》，商务印书馆2010年版。

白淑军、肖少英、王靖：《京津冀区域旅游一体化现实困境与发展模式研究》，《城市》2013年第4期。

曹华：《西部大开发中西南区域内经济联动发展战略研究》，民族出版社2010年版。

车冰清、朱传耿、杜艳、沈正平：《基于产业联动的区域经济合作潜力研究——以淮海经济区为例》，《地域研究与开发》2009年第4期。

陈安平：《我国区域经济的溢出效应研究》，《经济科学》2007年第2期。

陈朝隆、陈烈：《区域产业链的理论基础、形成因素与动力机制》，《热带地理》2007年第3期。

陈朝隆：《区域产业链构建研究——以珠江三角洲小榄镇、石龙镇、狮岭镇为例》，博士学位论文，中山大学，2007年。

陈斐：《区域空间经济关联模式分析》，中国社会科学出版社2008年版。

陈建军：《长三角区域经济合作模式的选择》，《南通大学学报》

（社会科学版）2005年第2期。

陈静锋、郭崇慧、魏伟：《"互联网+中医药"：重构中医药全产业链发展模式》，《中国软科学》2016年第6期。

陈秀山、杨艳：《区域协调发展：回顾与展望》，《西南民族大学学报》（人文社会科学版）2010年第1期。

成德宁：《我国农业产业链整合模式的比较与选择》，《经济学家》2012年第8期。

程宏伟、冯茜颖、张永海：《资本与知识驱动的产业链整合研究——以攀钢钒钛产业链为例》，《中国工业经济》2008年第3期。

程宏伟：《西部地区资源产业链优化研究》，西南财经大学出版社2009年版。

程莉、文传浩：《重庆市主导产业选择研究——基于投入产出法的波及效果分析》，《重庆科技学院学报》2011年第1期。

邓正琪、李碧宏：《区域经济联动与整合研究——以渝、鄂、湘、黔交界民族地区为例》，中国社会科学出版社2009年版。

董晓菲、韩增林、王荣成：《东北地区沿海经济带与腹地海陆产业联动发展》，《经济地理》2009年第1期。

杜传忠：《产业组织演进中的企业合作——兼论新经济条件下的产业组织合作范式》，《中国工业经济》2004年第6期。

樊福卓：《中国区域分工的度量》，上海社会科学出版社2009年版。

高伟、聂锐、张燚、张磊：《区际产业联动的研究进展及展望》，《中国软科学》2011年第5期。

高伟：《区际产业联动的网络演化机理及联动效应研究》，中国经济出版社2012年版。

龚勤林：《区域产业链研究》，博士学位论文，四川大学，2005年。

谷国锋、张秀英：《区域经济系统耗散结构的形成与演化机制研究》，《东北师范大学报》（自然科学版）2005年第37期。

郭超、马小利：《论区域产业链节点的联系及其经济效应》，《天中学刊》2007年第22卷第5期。

郭利平：《产业群落的空间演化模式研究》，经济管理出版社2006年版。

郭明杉、张陆洋：《高新技术产业集群的区域经济一体化效应分析》，《哈尔滨工业大学学报》（社会科学版）2007年第1期。

郭茜琪：《制度视角：从产业同构走向产业分工——长三角区域产业资源整合问题研究》，中国财政经济出版社2007年版。

郭岩峰、王晓利：《京津冀区域经济一体化发展战略思考》，《特区经济》2011年第11期。

国家发展改革委地区经济司课题组：《长江三角洲地区协调发展面临的重大问题及工作重点》，《宏观经济管理》2007年第6期。

洪银兴等：《长江三角洲地区经济发展的模式和机制》，清华大学出版社2003年版。

胡晓鹏：《模块化整合标准化：产业模块化研究》，《中国工业经济》2005年第9期。

黄林：《产业集群核心价值的研究》，《企业经济》2011年第1期。

蒋国俊、蒋明新：《产业链理论及其稳定机制研究》，《重庆大学学报》（社会科学版）2004年第10期。

巨拴科：《基于能力结构关系模型的欠发达与发达区域经济合作研究——以安康市—西安市经济合作为例》，《中国软科学》2010年第5期。

孔令丞、郁义鸿：《经济全球化与"中国制造"：一个基于价值链增值视角的研究》，《科技导报》2005年第1期。

李国平、卢明华：《北京高科技产业价值链区域分工研究》，《地理研究》2002年第2期。

李国平、王立明、杨开忠：《深圳与珠江三角洲区域经济联系的测度及分析》，《经济地理》2001年第1期。

李怀政：《全球生产网络背景下我国制造业产业链提升战略》，《管理现代化》2005年第1期。

李靖：《新型产业分工：重塑区域发展格局》，社会科学文献出版社2012年版。

李开宇、李九全、曹小曙：《从"泛珠三角"经济合作的基础与特点看西北区域经济合作调整》，《经济地理》2005年第3期。

李娜：《产业空间分工研究——以江苏沿江地区为例》，上海社会科学院出版社 2010 年版。

林兰、叶森、曾刚：《长江三角洲区域产业联动发展研究》，《经济地理》2010 年第 1 期。

林毅夫：《经济发展战略与公平和效率》，《宏观经济研究》2005 年第 10 期。

刘贵富：《产业链基本理论研究》，博士学位论文，吉林大学，2006 年。

刘慧波：《产业链纵向整合研究》，博士学位论文，浙江大学，2009 年。

刘宁宁、沈正平、简晓彬：《区域产业联动的主要机制研究》，《商业时代》2008 年第 31 期。

刘颖琦、邓元慧、郭名：《西部生态脆弱贫困区产业联动模式研究》，《科学决策》2009 年第 2 期。

刘志彪、张少军：《地区差距及其纠偏：全球价值链和国内价值链的视角》，《学术月刊》2008 年第 5 期。

吕涛、聂锐：《产业联动的内涵理论依据及表现形式》，《工业技术经济》2007 年第 5 期。

吕涛、聂锐、刘玥：《西部能源开发利用中的产业联动战略研究》，《资源科学》2010 年第 32 期。

迈克尔·波特：《国家竞争优势》，李明轩、邱如美译，华夏出版社 2002 年版。

迈克尔·波特：《竞争优势》，陈小悦译，华夏出版社 1997 年版。

蒙永胜、陆婷：《面向中亚的新疆外向型产业集群选择及培育》，《新疆社会科学》2014 年第 6 期。

聂锐、吕涛、张炎志、刘玥：《产业联动：西部能源可持续开发利用的战略选择》，《中国国土资源经济》2008 年第 1 期。

彭连清：《我国区域间产业关联的实证分析》，《产业经济研究》2008 年第 4 期。

钱力、曹巍：《长江经济带现代服务业发展水平评价》，《蚌埠学院学报》2016 年第 5 期。

全诗凡：《基于区域产业链视角的区域经济一体化——以京津冀地

区为例》,博士学位论文,南开大学,2014年。

全诗凡、江曼琦:《京津冀区域产业链复杂度及其演变》,《首都经济贸易大学学报》2016年第1期。

全诗凡:《区域产业链与京津冀区域经济一体化关系研究》,《中国物价》2016年第4期。

芮明杰、刘明宇:《产业链整合理论述评》,《产业经济研究》2006年第5期。

芮明杰、刘明宇、任江波:《论产业链整合》,复旦大学出版社2006年版。

芮明杰:《中国产业发展的挑战与思路》,《复旦学报》(社会科学版)2004年第1期。

赛勒斯弗·赖德海姆:《万亿美元的企业:企业联盟的革命将如何转变全球工商业》,顾建光译,上海译文出版社2001年版。

沈正平、简晓彬、施同兵:《产业地域联动的测度方法及其应用探讨》,《经济地理》2007年第6期。

沈正平、刘海军、蒋涛:《产业集群与区域经济发展探究》,《中国软科学》2004年第2期。

陶希东:《跨界区域协调:内容、机制与政策研究——以三大跨省都市圈为例》,《上海经济研究》2010年第1期。

汪阳红:《改革开放以来我国区域协调合作机制回顾与展望》,《宏观经济管理》2009年第2期。

王德利、方创琳:《中国跨区域产业分工与联动特征》,《地理研究》2010年第8期。

王缉慈、童昕、朱华晟等:《创新的空间:企业集群与区域发展》,北京大学出版社2001年版。

王霞、孙中和:《美国区域协调发展实践及对我国的启示》,《国际贸易》2009年第7期。

韦海鸣:《基于经济整合理论的广西对东盟开放战略分析》,《东南亚纵横》2009年第4期。

吴金明、邵昶:《产业链形成机制研究——"4+4+4"模型》,《中国工业经济》2006年第4期。

吴勤堂:《产业集群与区域发展耦合机理分析明》,《管理世界》2004 年第 2 期。

肖金成:《京津冀区域合作论——天津滨海新区与京津冀产业联系及合作研究》,经济科学出版社 2010 年版。

谢立新:《区域产业竞争力论——以泉州、温州、苏州三个地级市为例》,博士学位论文,福建师范大学,2003 年。

谢燮、杨开忠、刘安国:《新经济地理学与复杂科学的区位选择模型》,《经济地理》2005 年第 25 期。

亚当·斯密:《国民财富的性质和原因的研究(上卷)》,郭大力、王亚南译,商务印书馆 2004 年版。

杨灿:《产业关联测度方法及其应用问题探析》,《统计研究》2005 年第 9 期。

杨锐:《产业链竞争力研究》,博士学位论文,复旦大学,2012 年。

叶森:《区域产业联动的理论与实践》,经济科学出版社 2012 年版。

尹钢:《制造业供应链集成模型研究综述》,《广东工业大学学报》2004 年第 21 期。

张红兵、贾来喜、李潞:《SPSS 宝典》,电子工业出版社 2008 年版。

张雷:《产业链纵向关系治理模式研究——对中国汽车产业链的实证分析》,博士学位论文,复旦大学,2007 年。

张胜军、路征、邓翔:《西部省区参与国际区域经济合作的效应分析》,《云南财经大学学报》2012 年第 3 期。

钟昌标:《我国区域产业整合与分工的政策研究》,《数量经济技术经济研究》2003 年第 6 期。

朱华晟:《地方产业集群战略中的政府功能——以浙江嵊州领带产业集群为例》,《经济理论与经济管理》2004 年第 10 期。

卓凯、殷存毅:《区域合作的制度基础:跨界治理理论与欧盟经验》,《财经研究》2007 年第 1 期。

Altenburg T., "Governance Patterns in Value Chains and their Developmental Impact", *European Journal of Development Research*, 2006, 18, 4.

Brookfield H., *Interdependent Development*, London: Methuen, 1975.

Chen F., Drezner Z., Ryan J., Simchi. Levi D., "Quantifying the bull-whip effect in a simple supply chain: the impact of forecasting, lead times and information", *Management Science*, 2000, 46.

Coe N. M., Dicken P., Hess M., "Global Production Networks, Realizing the Potential", *Journal of Economic Geography*, 2008, 8, 3.

Coe N. M., Hess M., Yeung H. W. C., Dicken P., Henderson J, "Globalizing Regional Development: A Global Production Networks Perspective", *Transactions of the Institute of British Geographers*, New Series, 2004, 29, 4.

Dicken, Peter and Malmberg, Anders, "Firms in territories: a relational perspective", *Economic Geography*, 2001, 77, 4.

Dicken, Peter, "Tangled Webs: Transnational Production Networks and Regional Integration", *SPACES*, 2005, 4.

Dicken, Peter, "The Multiplant Business Enterprise and Geographical Space: Some Issues in the Study of External Control and Regional Development", *Regional Studies*, 1976, 10.

Fujita M., Thisse J., *Economics of Agglomeration: Cities, Industrial Location, and Regional Growth*, Cambridge: Cambridge University Press, 2002.

Gereffi, Gary, John Humphrey, and Sturgeon, Timothy, "The Governance of Global Value Chains", *Review of International Political Economy*, 2005, 12, 1.

Giuliani, Elisa et al., "Upgrading in Global Value Chains: Lessons from Latin American Clusters", *World Development*, 2005, 33, 4.

Hansen, Gard H., "The Far Side of International Business: Local Initiatives in the Global Workshop", *Journal of Economic Geography*, 2008, 8, 1.

Henderson J., Dicken P., Hess M., "Global production networks and the analysis of economic development", *Review of International Political Economy*, 2002, 9, 3.

Hess M., Yeung H. W. C., "Whither Global Production Networks in

Economic Geography Past, Present and Future", *Environment and Planning*, 2006A, 38, 7.

Hokey Min, Gengui Zhou, "Supply chain modeling: past present and future", *Computers & Industrial Engineering*, 2002, 43 (1-2).

Humphrey and Schmitz, "How Does Insertion in Global Value Chains Affect Upgrading in Industrial Clusters", *Regional Studies*, 2002, 9.

Krugman P., Venables A. J., "Integration, specialization, and adjustment", *European Economic Review*, 1996, 40 (3-5).

Levy D. L., "Political Contestation in Global Production Networks", *Academy of Management Review*, 2007, 32.

Massey, Doreen, "In What Sense A Regional Problem", *Regional Studies*, 1979, 13.

Massey, Doreen, *Spatial Divisions of Labour: Social Structures and the Geography of Production*, London: Macmillan, 1984.

Porter, Michael E, "Location, Competition, and Economic Development: Local lusters in A Global Economy", *Economic Development Quarterly*, 2000, 14, 1.

Scott, Allen J. and Storper, Michael, "Regions, Globalization, Development", *Regional Studies*, 2003, 37, 6/7.

Scott, Allen J., "The Changing Global Geography of Low-Technology, Labor-Intensive Industry: Clothing, Footwear, and Furniture", *World Development*, 2006, 34, 9.

Yeung, Henry Wai-chung, "Situating regional development in the competitive dynamics of global production networks: an East Asian perspective", *Regional Studies*, 2008, 42.

后 记

本书是在重庆大学公共管理学院周孝坤副教授主持的国家社会科学基金项目"西部地区联动发展创新机制与模式研究"（12CJL075）的研究报告基础上经修改完成的。

项目获准立项后，主持人周孝坤拟定了研究大纲，组织课题组成员就研究思路、研究内容、研究方法、调研方案等相关问题进行了多次讨论和交流，邀请校内外专家及重庆市社科规划办、重庆大学社科处相关领导举行了开题报告会，重庆师范大学管理学院邓正琦教授、重庆工商大学李敬教授、重庆大学陈仲常教授、张邦辉教授、刘渝琳教授、尹希果教授针对课题的研究框架、内容、思路和方法提出了很多宝贵的建议，重庆市社科规划办和重庆大学社科处相关领导针对完成国家社科基金项目需要注意的问题提出了要求和建议。在专家的指导下，课题组在西部地区进行了大量的实地调研，多次召开专题研讨会。课题研究报告由周孝坤主撰并最终定稿，项目组成员和研究生刘茜、刘晓霞、黄月等为项目的完成付出了大量艰辛的劳动，游鹏、周晓军、陈赟、周延举、江玲欣、熊伟、余发英等研究生在调研、数据和资料收集过程中做了许多辅助性工作，重庆市社科规划办、重庆大学社科处和重庆大学公共管理学院对项目的顺利完成给予了极大的关心和支持，重庆大学公共服务评测与研究中心为本书的出版给予了大力的支持，中国社会科学出版社的编辑为本书的顺利出版付出了辛勤的劳动，在此向他们致以最真诚的谢意！本书参阅了国内外诸多专家、学者的研究成果，在此向各位专家、学者表示衷心的感谢！

本书是课题组过去多年对西部地区经济和产业发展研究的一个阶段性总结，希望能对西部地区跨区域整合资源、产业联动形成区域经济发展合力贡献微薄之力。尽管课题组付出了艰辛的努力，由于水平有限，仍有不少内容需要进一步完善，恳请读者批评指正。

周孝坤

2019 年 4 月